KB263850

KUJAP 일본어 작문 중급

書こう 日本語

高麗大學校 日語日文學科 敎材編纂委員會

보고사

高麗大學校 日語日文學科 教材編纂委員會

김춘미(金春美) 이한섭(李漢燮) 김충영(金忠永) 최관(崔官) 전형식(全亨式) 정병호(鄭炳浩)
온즈카 치요(恩塚千代) 나가타니 나오코(永谷直子)

KUJAP 시리즈

초판발행 2005년 8월 25일
2쇄발행 2007년 11월 30일

집필진 _ 高麗大學校 日語日文學科 教材編纂委員會
발행인 _ 김흥국

발행처 _ 도서출판 보고사
주 소 _ 서울시 성북구 보문동 7가 11번지 2층
등 록 _ 6-0429(1990.12)
전 화 _ 922-5120~1(편집부) / 922-2246(영업부)
팩 스 _ 922-6990
메 일 _ kanapub3@chol.com
정 가 _ 10,000원
ISBN _ 89-8433-346-8 (13730)

www.bogosabooks.co.kr

* 잘못된 책은 바꾸어 드립니다.
* 저자와의 협의에 의하여 인지는 생략합니다.

はじめに

　本書は基本的な日本語文法を既習した青少年学習者(大学生)を対象に書かれている。学習者が遭遇するであろう様々な「書く」場面を想定し、多様なタスクをこなすことで実用的な作文構成力を身につけることを目標にした中級作文教材である。単文にとどまらない作文能力を身につけるために、文法積み上げ式ではなく、文章構成力を重視した構成となっている。作成にあたって留意した点は以下の通りである。

　まず、手紙・はがき(手紙文)、投書(意見文)、新聞記事(事実描写文)など文のスタイルの違いに留意して、場面にあった書き方ができるように構成している。さまざまなスタイルの文に接することによって、学習者が自ずからそのスタイルの多様さに気づき、楽しんでタスクをこなしていくことを望みたい。

　また、課題にむけてペアやグループで話し合う項目「話しましょう」を多く設けた。ディスカッションを通して、課題作文に必要な自分の考えが自然とまとまるように構成している。他人の意見を聞くおもしろさに気づき、自分の考えを人に伝える楽しさを感じてもらえればと考えている。

　そして、モデル文を読む前の導入のページ(ステップ1)を設け、できるだけ、学習者が楽しんでモデル文を読めるように工夫した。モデル文を通して、読解力の向上も目指したい。また、モデル文はできるだけ新聞記事等の生教材を使用した。モデル文を読むことで、文の構成と同時に、現代の日本の姿を感じ取れるように工夫している。

　現代はインターネットなどを通して、学習者が日本語の文章を目にする機会が急激に増えている。学習者が本書を通してさまざまなスタイルの文章を学ぶことが、日本語を「書く」「読む」おもしろさに気づくきっかけとなればと考えている。本書が、学習者が更に日本語の文章に興味を持って積極的に取り組んでいく手助けとなれば幸いである。本書は「外国語学習は楽しくなければ」をコンセプトに作成した教材ではあるが、まだまだ準備不足な点も多い。教師、学習者すべての方からのご意見・ご提案があれば、今後の参考にし、よりよい教材作りを目指したいと思っている。

2005年8月

執筆者一同

この本の構成と使い方

　『書こう日本語(中級)』はシリーズ『書こう日本語(初級)』で基本的な文法力、文章構成力を身につけた学習者が、更にまとまりのある文を書くことを目的としています。課ごとに、実用的な「書く」場面が設定されています。文のスタイルや作文の技術を学びながら、各課で課題作文を書いていきます。

● 各課の構成 ●

1. **ステップ1**: その課での学習内容を大まかにつかむための導入です。モデル文の内容に興味を持てるように、ペアやグループで自由に話し合います。

2. **モデル文**: その課の課題にあったモデル文です。語彙や文法だけではなく、文の構成に注意を払いながら読み進めていきましょう。

3. **確認しましょう**: 課題作文を書く上で必要な語彙や作文の技術を確認します。ここでは文法の正確さよりも文の構成力を重視し、作文の技術を提示しています。

4. **練習**:「確認しましょう」で学んだ語彙や作文の技術を復習するための練習問題です。

5. **ステップ2**: 課題作文を書く上での知識や技術をより深めるための読解タスクあるいはディスカッションタスクです。「確認しましょう」で学んだ語彙や作文の技術を復習しながら読んでいくとよいでしょう。

6. **話し合いましょう**: モデル文の内容について、意見を交換したり、課題作文を書く前に自分の意見をまとめるためのタスクです。ペアやグループで自由に話し合います。

7. **課題**: モデル文を参考にしながら、課題にしたがって作文をします。課によっては課題が二つある場合がありますので、学習者のレベルやニーズにあわせて教師が選択するとよいでしょう。課題作文のページは切り取って提出します。

＊ステップの数や、2〜6の順は課の課題の内容によって異なります。学習者のレベルや時間数によってステップやタスクの数を調整するとよいでしょう。

● 使い方 ●

1. まず、「ステップ1」で、ペアもしくはグループで自由に話し合います。その課での学習内容を大まかに把握させ、モデル文に興味を持って取り組めるようにします。この時、モデル文の読解に必要な語彙も適宜、補充するとよいでしょう。

2. 次に「モデル文」を通して、各課の課題となる文章の構成を学びます。

3. 「確認しましょう」で、モデル文を参照しながら、語彙や作文の技術を学んでいきます。

4. 3で学んだ語彙や作文の技術を「練習」で確認します。

5. さらに語彙や作文の技術が必要な課では「ステップ2」「ステップ3」を1〜4の手順で進めていきます。

6. 「話し合いましょう」ではディスカッションを通して、課題作文に向けて、自分の意見をまとめていきます。

7. 最後に、モデル文を参照しながら、「課題」に取り組みます。課によっては「課題」のためのフローチャートやヒントがありますから、参照します。課題作文は切り取って提出しましょう。毎課、十分なフィードバックが必要ですし、課によっては発表をすることによって、より活気のある授業となるでしょう。

目次

第1課　手紙を書く

みなさんは手紙をよく書きますか。日本へ手紙を送ったことがありますか。メールを書くよりも時間がかかるかもしれません。どんなときに手紙を利用したほうがいいと思いますか。また、手紙を書く場合には、季節や書く相手のことを考えて、書かなければなりません。どんなことに気をつけなければならないでしょうか。

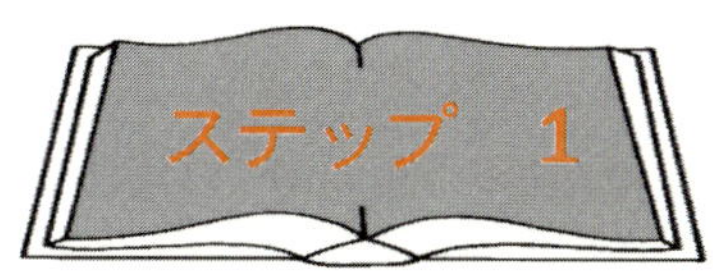

❶ いつの季節のはがき手紙だと思いますか。

❷ 誰に書いたはがきだと思いますか。

❸ はがきと手紙は何が違うと思いますか。どんな時にはがきを使いますか。どんな時に手紙を使いますか。

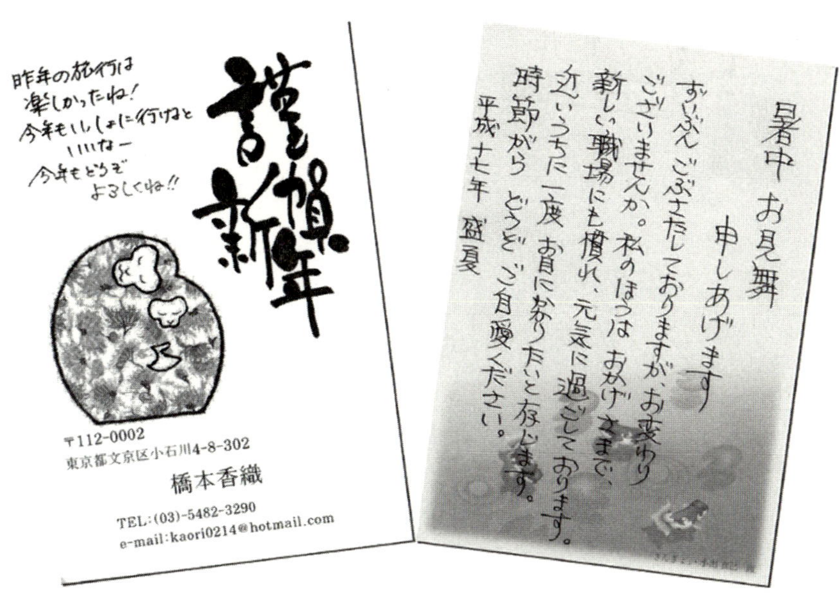

　パクさんは6月のある日、就職活動の際に志望動機書の日本語を何度もチェックをしてもらった先生の研究室を訪れました。

学生　（先生の研究室に行って）先生、お久しぶりです。

先生　パクさん、久しぶりですね。元気でしたか。

学生　はい。もっと早くお伺いするべきだったんですが、すっかり遅くなってしまって申し訳ありません。

先生　ああ、いいですよ。

学生　あの、以前に、先生に就職試験の志望動機書の日本語をチェックしていただきましたよね。

先生　ああ、そうでしたね。結果はどうでしたか。

学生　おかげさまで、最終面接までいって、昨日採用の通知が来ました。

先生　ほんとうですか。それはよかったですね。パクさんはよく準備していましたからね。

学生　先生に手伝っていただいたおかげです。本当にありがとうございます。

先生　いえいえ。いつから仕事が始まるんですか。

学生　7月からです。

先生　そうですか。じゃあ、一学期が終わってすぐ仕事が始まるんですね。今年は夏休みがないですね。

学生　そうですね。いろいろ大変だと思いますが、自分が入りたい会社だったので、精一杯頑張りたいと思います。

先生　そうですね。頑張ってくださいね。

❶ パクさんは先生に会って、なぜ謝ったのでしょうか。

❷ パクさんは先生に何をしてもらいましたか。

❸ パクさんの就職活動の結果はどうでしたか。

❹ パクさんはいつから仕事を始めますか。

❺ パクさんはなぜ先生の研究室を訪れましたか。

🔍 新しいことば

就職活動(しゅうしょくかつどう)：취직활동	
志望動機書(しぼうどうきしょ)：지망동기서	
精一杯(せいいっぱい)：힘껏, 최대한으로, 고작	

　パクさんが先生の研究室に行ったら先生は出張中でした。そこでパクさんは先生に手紙を書くことにしました。先生にどんな手紙を書いたのでしょうか。

拝啓

　❶梅雨の季節となって、毎日雨の日が続いておりますが、❷お元気でいらっしゃいますか。

　もっと早くご連絡しようと思っておりましたが、すっかりご無沙汰してしまい申し訳ありません。

　先日はお忙しい中、志望動機書の日本語のチェックをしてくださりありがとうございました。おかげさまで第一志望の会社に就職が決まりました。そこは日本との関係がとても深い会社です。今回こうして採用が決まったのも、先生が志望動機書を何度も丁寧に読んでくださったからだと思っています。本当にありがとうございました。

　7月から仕事が始まります。自由だった学生時代とは違って、いろいろ大変なこともあるかと思いますが、頑張っていきたいと思っています。また機会がありましたら先生の研究室に挨拶に伺いたいと思っています。これからもいろいろなことでご相談することがあるかと思いますが、今後ともよろしくお願いします。

　❸これから徐々に暑くなっていくことと思います。❹どうぞお体にお気をつけてお過ごしください。

敬具

6月20日

パク・ヒョンジュン

山下先生

 新しいことば

梅雨(つゆ)：장마	
ご無沙汰する(ぶさたする)：오랫동안 격조함	
徐々に(じょじょに)：서서히, 천천히, 점차	

❶ 季節の言葉

A) 日本語の手紙では多くの場合、最初に季節について書きます。それぞれの季節について、何を書いたらいいでしょうか。自由に話し合ってみましょう。

春 夏	
秋 冬	

B) A)で話し合った結果をもとにして、手紙に書く季節の挨拶を考えましょう。手紙の挨拶の言葉は話し言葉よりも丁寧に書きます。

春	夏
春らしくなってきました。 桜の美しい季節になりました。 暖かくなってまいりました。	暑くなってまいりました。 厳しい暑さが続いております。 毎日暑い日が続いております。
秋	**冬**
すっかり秋らしくなってまいりました。 紅葉が美しくなりました。 秋が深まってまいりました。	寒くなってまいりました。 今年も残り少なくなってきました。 厳しい寒さが続いております。

❷ 相手の様子を尋ねる

元気ですか。　　➡　　お元気ですか。
　　　　　　　　　　お元気でいらっしゃいますか。
　　　　　　　　　　いかがお過ごしでいらっしゃいますか。
　　　　　　　　　　お変りございませんか。

❸・❹ 終りのあいさつ

まだまだ暑い／寒い日が続きますが、どうぞお体にお気をつけください。

お忙しいことと思いますが、どうぞお体にお気をつけください。

またお便りします。どうぞお体にはお気をつけてお過ごしください。

家族の皆様／〇〇様によろしくお伝えください。

お忙しいところ申し訳ありませんが、お返事をいただければと思います。

お忙しいところ恐縮ですが、お返事いただければ幸いです。

 **課題　1**

お世話になった先生にお礼の手紙を書いてみましょう。

- ・〇〇先生に〇〇〇のお礼の手紙を書きます。
- ・先生にはひさしぶりに連絡をします。
- ・〇〇月の手紙です。

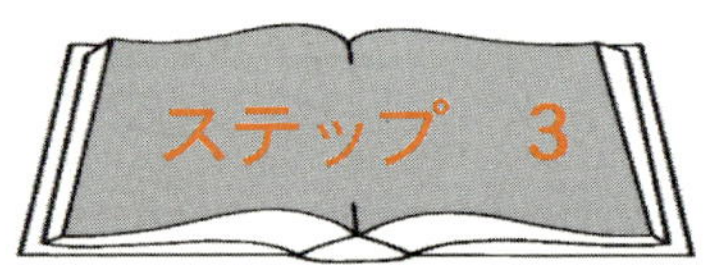

　キムさんは2月に日本の留学から帰ってきました。韓国に帰るときに日本で友達になった吉田恵美さんからアクセサリーをもらいました。帰ってきてから忙しくてなかなかお礼の手紙を書けませんでした。4月になってようやくお礼の手紙を書くことにしました。韓国のCDも一緒に贈りたいと思っています。贈り物に同封する手紙を書いてみましょう。

恵美さんへ

　お元気ですか？私は韓国の大学に戻ってきて忙しい日が続いています。最近韓国は急に暖かくなりました。日本は桜が満開の季節ですね。

　私が韓国に戻ってきてもう1ヶ月がたちました。本当に早いですね。連絡が遅くなってしまって本当にごめんなさい。韓国に帰る時にもらったピアスは今も大切にしています。ピアスを見るたびに、恵美さんと一緒にいろいろ話したことを思い出します。日本での生活がとても懐かしいです。

　韓国語の勉強は進んでいますか？恵美さんは歌手の「ピ」が好きだって言っていましたよね。新しいアルバムを一緒に贈ります。よかったら聞いてください。私は5番目の曲が特に気に入っています。恵美さんの感想も聞かせてくれたらうれしいです。

　それでは、また連絡します。ご家族の皆さんにもよろしくお伝えください。

キム　エリン

 ## 新しいことば

満開（まんかい）：	만개
思い出す（おもいだす）：	생각나다
懐かしい（なつかしい）：	그립다
進む（すすむ）：	（일 등이）진척되다

こんな贈り物にはどんなメッセージをつけますか？

❶ あなたの好きな韓国のCD

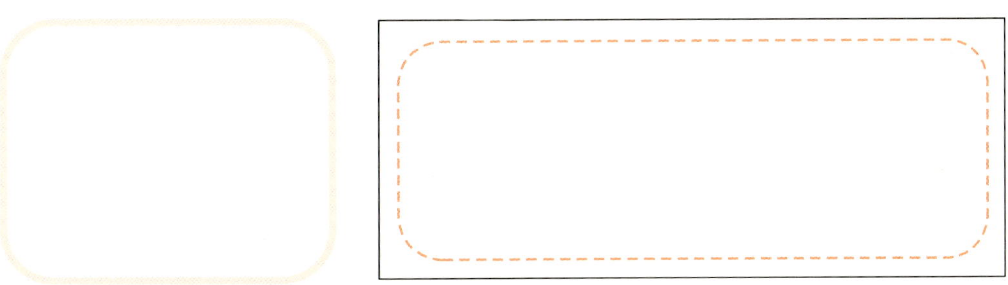

❷ あなたの好きな本

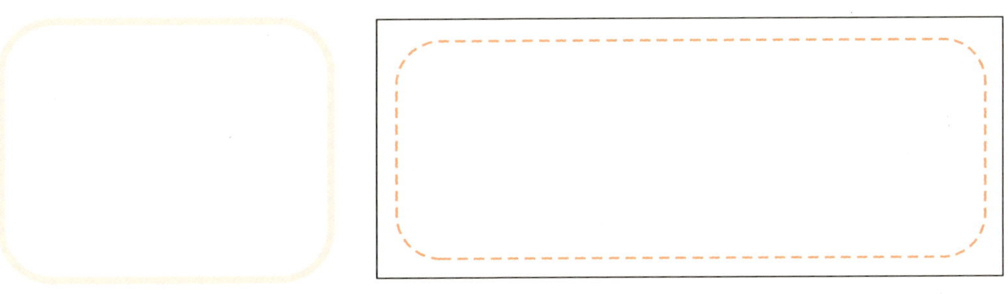

❸（　　　？　　　）

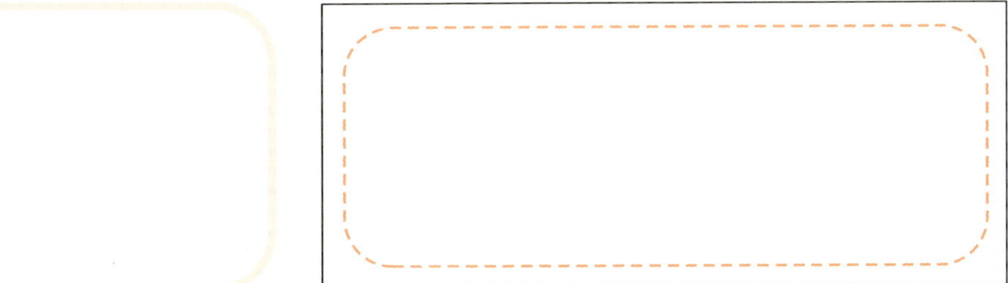

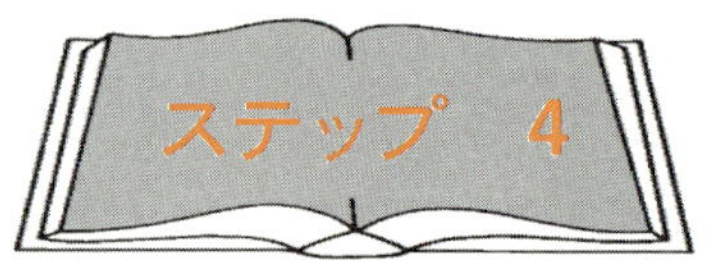

　恵美さんからエリンさんへ返事が来ました。　日本語の手紙の返事はどのように書いてありますか。

キムさんへ

　お手紙どうもありがとう(×手紙よく受け取りました)。久しぶりにキムさんの様子を聞けてうれしかったです。それからピのCDもどうもありがとう！毎日聞いています。やっぱりピはかっこいいですね！早く内容が全部分かるようになりたいです。ますますやる気が出てきましたよ！

　　・・・・

　機会があったら韓国にもぜひ遊びに行きたいと思っています。キムさんも毎日忙しいと思うけど、体には気をつけてくださいね。また連絡します。

恵美

こんな贈り物にはどんな返事を書きますか？

(　　　　　　　　)から(　　　　　　　　　)をもらいました。

 **課題 2**

友達にプレゼントを贈りたいと思います。同封する手紙を書いてみましょう。

> ・(友達)に〇〇〇を贈ります。
>
> ・その友達はどんな人ですか。
>
> ・どうして贈り物をしますか。

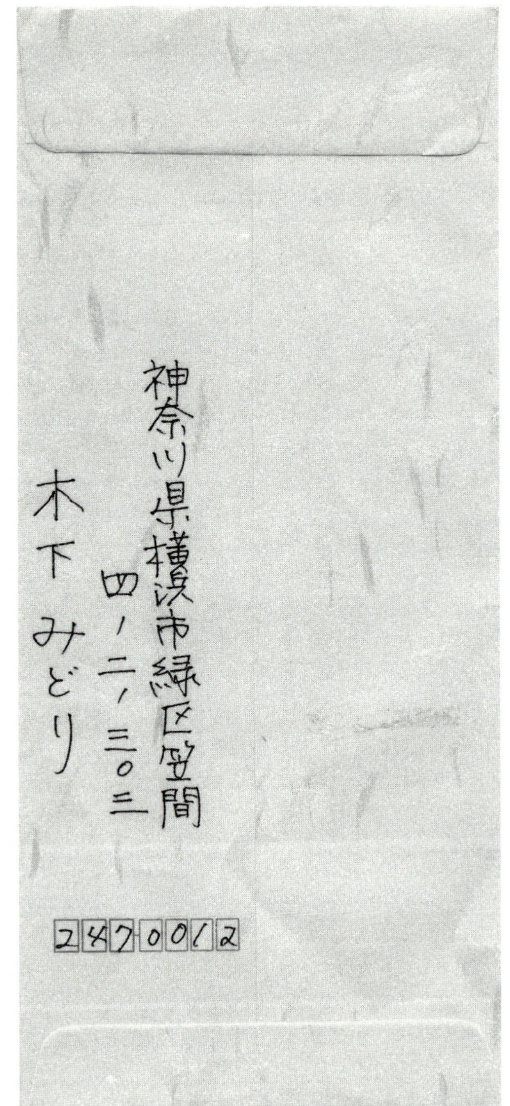

神奈川県横浜市緑区笠間
四ノ二ノ三〇三
木下 みどり
２４７００１２

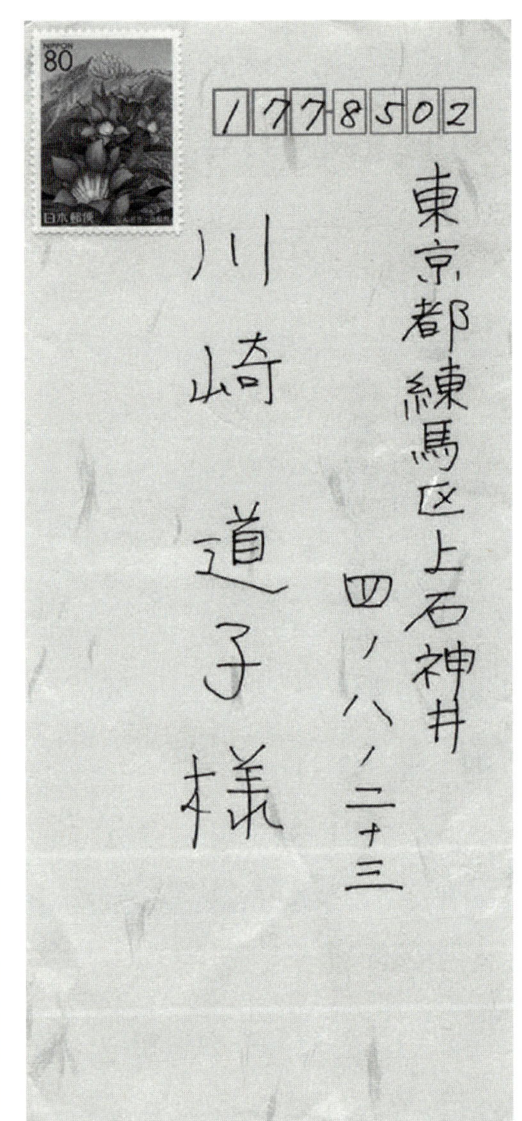

１７７８５０２
東京都練馬区上石神井
四ノ八ノ二十三
川崎 道子 様

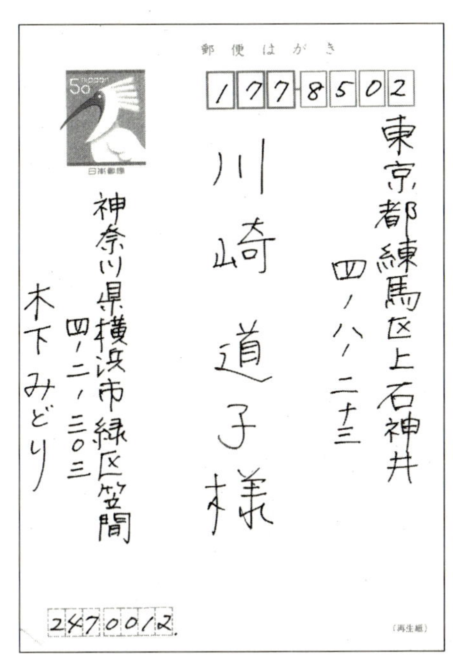

郵便はがき
177-8502
東京都練馬区上石神井
四ノ八ノ二十三
川崎 道子 様
神奈川県横浜市緑区笠間
四ノ二ノ三〇三
木下 みどり
247-0012
（再生紙）

郵便はがき

第2課　料理のレシピを作る

この課ではレシピ(料理の作り方)を書いてみましょう。レシピのような文章には、よく「箇条書き」が使われます。それはどんな書き方でしょうか。いっしょに考えてみましょう。

❶　皆さんは自分で料理をしますか。どんな料理が得意ですか。

❷　自分の得意な料理の作り方を友だちに説明してみましょう。

❸　今話した自分の得意料理について、簡単なメモを書いてみましょう。

材料 (どんなものが必要ですか)	
作り方 (メモ程度でもかまいません)	

❶ 計量

〜グラム：肉などの量を説明する。

〜切れ：魚などの切った固まりを言う。

〜個：タマネギやジャガイモなどの丸い野菜や玉子など。

〜本：にんじんやネギなどの細長い野菜。

大さじ／ 小さじ：砂糖や醤油などの調味料を量るときに使う。

〜cc：水やスープなどの量を量るときに使う単位。

❷ 切る

ぶつ切り：大まかに大きく切る。

角切り：四角く切る。

みじん切り：材料をできるだけ小さく刻む。

千切り：細い線状に切る。

❸　調理する

ゆでる：味を付けないでお湯だけで柔らかくする。

煮る：味を付けた汁の中で調理する。

焼く：フライパンや網のうえで、肉や魚などの表と裏側に火を通すこと。

炒める：フライパンなどの中で油を引いて、材料をいっしょに混ぜて火を通すこと。

揚げる：暑く熱した油の中で調理すること。

蒸す：直接火にあてないで、お湯を沸騰させた蒸気で調理すること。

焼く　　　　　　　炒める　　　　　　揚げる

❹　火の大きさ

強火：一番大きく強い火で調理する。

中火：すこし弱くした火。

弱火：小さい火で、ゆっくり火を通すときに使う。

ピーマン嫌いの子供も大好き！ピーマンの肉詰め

 材料(4人分)

ピーマン・・・・・・	8個	牛乳・・・・・・・・	大さじ2
豚挽き肉・・・・・	300g	塩・・・・・・・・・	少々
長ねぎ・・・・・・	1／2本	こしょう・・・・・・	少々
しいたけ・・・・・	1個	小麦粉・・・・・・・	大さじ1〜2
卵・・・・・・・・	1個	酒・・・・・・・・・	大さじ1
パン粉・・・・・・	大さじ4	サラダ油・・・・・	大さじ1

作り方

1．ピーマンを縦半分に切り、種とヘタを取ります。

2．長ネギはみじん切りに、しいたけも石づきを取りみじん切りにします。

3．ボールにパン粉と牛乳を入れ、パン粉に牛乳をしみ込ませます。

4．次に豚挽き肉と2．の長ネギ・しいたけ、それに卵・塩・こしょうを加えて、粘りが出るまでよく手で混ぜ合わせます。

5．ピーマンの内側に薄く小麦粉をまぶします。

6．ピーマンの内側に3．の具を詰めます。

7．ナイフなどを使って、具を軽く押すようにしてしっかりと詰めます。

8．フライパンにサラダ油をひき、中火で熱します。

9．肉側の面を下にして、蓋を閉めて蒸し焼きにします。

10．肉に焼色がついたら、火を弱火にしてピーマンの面を焼きます。この時に酒をふりかけてから蓋をして蒸焼きにします。

11．ピーマンが全体にしんなりして軽く焼色がつけば焼き上がりです。

もっとおいしい！コツ

⇨ピーマンの内側に小麦粉をつけることで、ピーマンとお肉がはがれることなく上手に焼けます。そのとき、茶こしに小麦粉を入れて、ピーマンの上からふりかけると薄く上手に小麦粉をつける事が出来ます。

⇨ソースはお好みで
[定番] 辛子醤油でさっぱりとした味付け
[お子様向け] トマトケチャップ大さじ3、ウスターソース大さじ2を混ぜたケチャップソースで味付け

新しいことば

ヘタ：(열매의) 꼭지	石づき(いしづき)：버섯류의 밑뿌리
しみ込ませる(しみこませる)：스며들게 하다, 배어들게 하다	
粘り(ねばり)：끈기, 찰기	まぶす：(가루따위를)묻히다, 뒤바르다
具(ぐ)：(요리에서)건더기, 내용물, 속	詰める(つめる)：채워넣다
蓋(ふた)：뚜껑	蒸し焼き(むしやき)：찜구이
焼き色(やきいろ)：요리를 구우면 생기는 노릇노릇한 색	
ふりかける：뿌리다, 끼얹다	しんなりする：(요리에서 야채 등이) 숨이 죽다
コツ：요령	茶こし(ちゃこし)：차를 거르는 (눈이 촘촘한) 쇠그물 조리

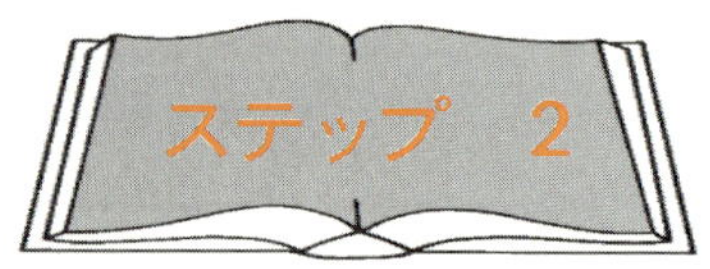

次の「簡単チャプチェ」(2人分)のレシピを完成させましょう。

ここでは、本格的な作り方ではなく、一番簡単な方法でチャプチェを作ります。

(　　　)の中に適当なことばを入れましょう。

 材料(2人分)

韓国はるさめ200g・・(水につけておく)	(ヤンニョムジャン：薬味タレ)	
たまねぎ・・・・・1/4(　　　)	醤油・・・・・・・・40(　　　)	
ピーマン・・・・・・1/2個	みりん・・・・・・・50cc	
ほうれん草・・・・・1/2束	砂糖・・・・・・・・大さじ1	
ニンジン・・・・・・1/2(　　　)	ニンニクすりおろし・・・大さじ1と1/2	
しいたけ・・・・・・2枚	たまねぎすりおろし・・・大さじ1と1/2	
ニラ・・・・・・・・少々	酒・・・・・・・・・大さじ1と1/2	
ニンニク・・・・・・1/2かけ	水・・・・・・・・・50(　　　)	
牛肉・・・・・・・・50(　　　)	胡椒・・・・・・・・少々	
水・・・・・・・・・120(　　　)		

🍴 作り方

※ はるさめ以外の材料はすべて(　　　　　)切りにしておく

1．フライパンを熱し、サラダ油を引き、おろしニンニクと牛肉をさっと(　　　　　)。

2．ニラ以外の野菜を全て加えて(　　　　　)。

3．はるさめとほうれん草はさっと(　　　　　)ておく。

4．水120ccとヤンニョムジャンを適量加え、ほうれん草とはるさめを入れ水気が無くなるまで炒める。最後にニラと黒胡椒を入れてざっと混ぜる。

話してみましょう

❶ 韓国料理と日本料理の違いは何ですか。

❷ 日本料理の中で作れるものがありますか。

❸ モデル文のレシピと[ステップ 1]で書いたあなたのメモとの違いは何でしたか。

❹ 料理の専門用語を使うと、どんな利点がありますか。

❺ 料理の作り方をどのように説明したら、もっとわかりやすいと思いますか。

（例：イラストを使う。）

✏️ 課題 1

初めての人でも作れるように、わかりやすい料理のレシピを作ってみましょう。材料の目安は4人分です。

名前 ［　　　　　　　］

料理のレシピ[料理名：　　　　　　　　］

材料	
作り方	
コツ	

第3課　マニュアルを書く

新しいコンピューターや家電を買ったとき、使い方を知るために、マニュアルを見ますね。見てすぐ使い方がわかるようなマニュアルがあるといいですね。わかりやすいマニュアルというのはどのようなものでしょうか。この課では手順や仕組みをわかりやすく説明する書き方を勉強しましょう。

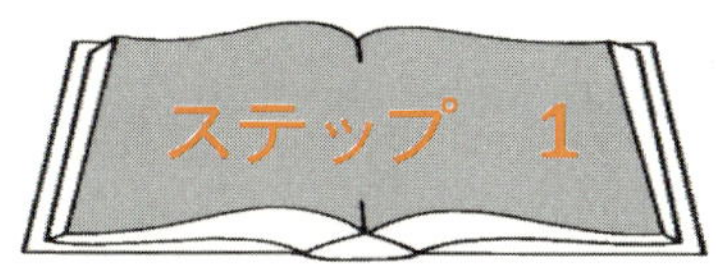

ステップ　1

　　日本人留学生の佐々木さんが韓国語の勉強のためにサイワールド(cyworld)を始めたいと言っています。サイワールドではどんなことができるか、どんなところが面白いか、説明してみましょう。

佐々木	「パクさん、サイワールドって知ってる？」
パク	「もちろん。みんなやってるよ。 私も自分のページを持ってるよ。」
佐々木	「ふーん、韓国語の勉強のためにいいって聞いたから、始めてみようと思うんだけど。サイワールドって一体どんなものなの？」

どのようなものですか？簡単に書いてみましょう。

パク	「　　　　　　　　　　　　　　　　　　　　　　　　　　　　　　　」
佐々木	「おもしろそうだね。やってみようかな。」

パク　　　　「でも気をつけたほうがいいこともあるよ。

　　　」

佐々木　　　「そうなんだ。どうやったら自分のページを持つことができるの？外国
　　　　　　人でもできるのかな？」

パク　　　　「そんなにむずかしくないよ。自分のページを持つには…

　　　　a.（1）サイワールドのホームページにいく

　　　　b.（3）住民登録番号を入力するページが出てくる

　　　　c.（2）ページの左にある会員加入のボタンをクリックする

　　　　d.（　）入力した内容に間違いがないか確認して「会員加入」をクリックする

　　　　e.（　）会員約款画面が出てくるので約款に「同意する」にチェックを入れ
　　　　　　　てクリックする

　　　　f.（4）ページ左下にある外国人加入のボタンをクリックする

　　　　g.（　）本人確認の書類（運転免許書など）をスキャンした画像を添付する

　　　　h.（　）個人情報（メールアドレス、名前、パスワードなど）を入力する」

▷　ログインする　　　　▷　登録する　　　　▷　○○を入力する

▷　クリックする　　　　▷　添付する

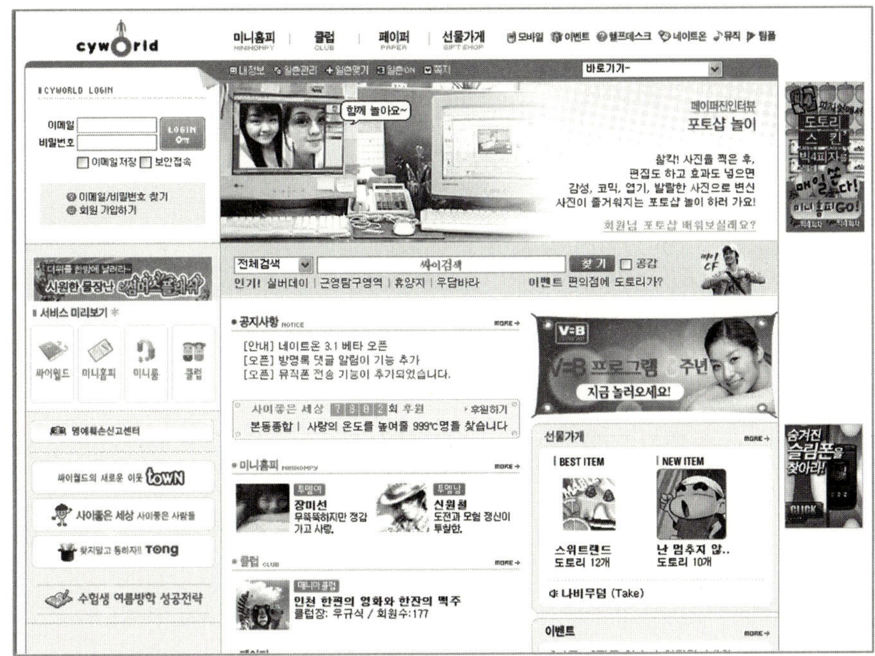

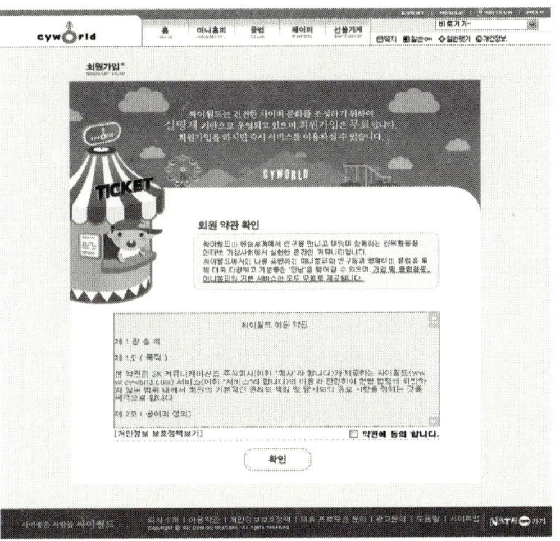

サイワールドを知らない人に紹介する文を書きました。空欄を埋めましょう。

　サイワールドは現在韓国の若い人を中心に900万人以上が加入していて、会員になれば、日記帳や

を持つことができる。
　それから、デジタルカメラで撮った写真をアップロードして友達同士で見せあったり、

など、いろいろな楽しみ方がある。
　サイワールドでは実名制が採られているので人物検索機能を使えば、友人の持つHompyを探すことができる。反対に言えば、自分のHompyも多くの人に公開されることを考慮にいれなければならない。非公開に設定する機能もあるので、上手に使い分けをしたほうがいい。
　外国人が加入するためには、以下のような手順をふむ。まず、サイワールドのページに行って、ページの左上にある会員加入をクリックする。次に、住民登録番号の入力の画面が出てくるので約款に目を通し「約款に同意する」にチェックを入れて「確認」を押す。個人情報を入力する画面が出たら、名前、パスワードなどを入力する。それから、本人確認のための書類をスキャンして添付する。最後にページの下にある「会員加入」ボタンをクリックする。
　このような手順をふめば簡単に自分のホームページを持つことができる。サイワールドは自分の世界が広がる新しいコミュニケーションの手段だ。

実名制(じつめいせい)：실명제
考慮にいれる(こうりょにいれる)：고려하다
非公開(ひこうかい)：비공개
使い分けをする(つかいわけをする)：적절히 쓰임을 분간해서 쓰다
手順をふむ(てじゅんをふむ)：수순을 밟다, 절차를 밟다
目を通す(めをとおす)：대충 훑어보다

❗ 確認しましょう：手順を説明する表現

・まず、次に、それから・・・最後に

例)（銀行のATMでお金を引き出すとき）

　　まず「 お引き出し」ボタンを押す。次にキャッシュカードを入れる。それから暗
　　証番号を押す。最後に金額を入力して、「 確認」ボタンを押す。

・〜てから〜

例)（料理をするとき）

　　沸騰してから野菜を入れる。

例)（コピーをするとき）

　　枚数を入力してから、緑のスタートボタンを押す。

・〜たあとで〜

例)（ファックスを送るとき）

　　紙をセットして、電話番号を押したあとで、送信ボタンを押す。

手順を説明する文を作ってみましょう

・あなたが好きなインターネットサイト(会員登録が必要なもの)で会員登録をする方法

・インターネットのオークションで買い物をする方法

・インターネットで日本の音楽をダウンロードする方法

作文のヒント

❶ どんなことができますか。何をするためのサイトですか。

❷ 注意することがありますか。

❸ ホーム画面から登録/買い物/ダウンロードまでの方法を説明してください。

時計の説明書を見てみましょう。

ワールドタイムの使い方

©ボタンを押して、ワールドタイムモードにします。

ワールドタイムモードでは、世界30都市（29タイムゾーン）の時刻を簡単に知ることができます。

ワールドタイムモードに切り替えると、前回このモードで最後に見た都市の時刻を表示します。

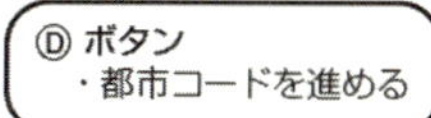

※ワールドタイムは、時刻モードでホームタイム時刻と都市コードをセットすると、時差にしたがい他の都市の時刻を表示します。
※ワールドタイムの「秒」はホームタイムの「秒」に連動しています。

> 選んだ都市の標準時が違っているときは、時刻モードの時刻およびホームタイム都市設定を確認し、違っているときは正しくセットしてください。
> ※ホームタイム都市のセットについては「●ホームタイム都市の設定」をご覧ください。

■ 都市のサーチ

ワールドタイムモードのとき

Ⓓ ボタンを押します

➡ Ⓓ ボタンを押すごとに都市コードが進みます。
※押し続けると早送りができます。
※表示される順番は、「■ワールドタイム都市一覧表」をご覧ください。

> Ⓓ ボタン
> ・都市コードを進める

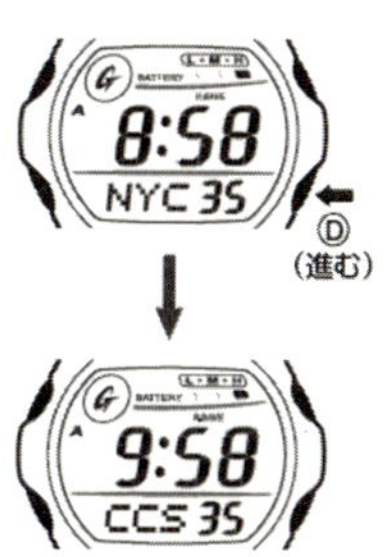

■ ワールドタイム都市一覧表

コード	都市名	時差
－－－		－11
HNL	ホノルル	－10
ANC	アンカレジ	－9
LAX	ロサンゼルス	－8
DEN	デンバー	－7
CHI	シカゴ	－6
NYC	ニューヨーク	－5
CCS	カラカス	－4
RIO	リオデジャネイロ	－3
－－－		－2
－－－		－1
GMT	＜グリニッジ標準時＞	＋0
LON	ロンドン	＋0
PAR	パリ	＋1
BER	ベルリン	＋1
ATH	アテネ	＋2
CAI	カイロ	＋2

コード	都市名	時差
JRS	エルサレム	＋2
JED	ジェッダ	＋3
THR	テヘラン	＋3.5
DXB	ドバイ	＋4
KBL	カブール	＋4.5
KHI	カラチ	＋5
DEL	デリー	＋5.5
DAC	ダッカ	＋6
RGN	ヤンゴン	＋6.5
BKK	バンコク	＋7
HKG	香港	＋8
SEL	ソウル	＋9
TYO	東京	＋9
ADL	アデレード	＋9.5
SYD	シドニー	＋10
NOU	ヌーメア	＋11
WLG	ウェリントン	＋12

※この表は2003年6月現在作成のものです。
※時差は協定世界時（UTC）を基準としたものです。

　イギリス(ロンドン)を旅行しているので、時間をイギリスの時間に合わせたいと思います。どうすればイギリスの時間を見ることができますか。

📝 課題 2

　あなた携帯電話で次のことをしたいと思います。どのようにすればいいですか。分かりやすく説明してください。

❶ 毎日7:00にアラームが鳴るように設定したい。

❷ 着信音を〇〇〇(歌手名)の〇〇〇という歌に変えたい。

❸ 〇〇〇(人の名前)の電話番号を〇〇〇というフォルダに登録したい

第4課　物語を説明する

みなさんが最近読んだ小説はどのようなお話でしたか。最近見た映画はどんな内容でしたか。内容をよく知らない相手にストーリーを説明するときは話の流れをよくつかんで説明しなければなりません。どのように書いたら、相手に話の内容をうまく伝えることができるでしょうか。この課では物語の内容を説明する練習をしましょう。

ステップ　1

❶ 「シンデレラ」の主人公はどんな人ですか。

❷ どんな人が登場しますか。

❸ ストーリを説明する上で重要なキーワードは何だと思いますか。

❹ 最後の結末はどのようなものですか。

❶ シンデレラの話の順に絵に番号をふりましょう。

（　）

（　）

（　）

（④）

（　）

❷ 絵の内容を説明しましょう。

🔍 新しいことば

継母（ままはは）：계모	
魔法をかける（まほうをかける）：마법을 걸다	
舞踏会（ぶとうかい）：무도회	
慌てる（あわてる）：당황하다	

継母と義姉がシンデレラに掃除を
させている。

シンデレラは継母と義姉に掃除を
させられている。

継母と義姉がシンデレラを
置いていく。

シンデレラは継母と義姉に
置いていかれた。

泣いていたシンデレラの前に
魔法使いが現れる。

シンデレラは魔法使いに魔法を
かけてもらった。

魔法使いはシンデレラに魔法を
かけてくれた。

① 能動態と受動態

先生に怒られる　　　　　　　　　　　先生が怒る

母に日記を読まれる　　　　　　　　　母が私の日記を読む

② 使役と使役受身

私は母に野菜を　　　　　　　　　　　母が私に野菜を
食べさせられる。　　　　　　　　　　　食べさせる。

私は友達に驚かされる。　　　　　　　友達が私を驚かせる。

❸ 授受表現

友達が私に本をくれた。  私は友達に本をもらった。

友達が私を
手伝ってくれた。  私は友達に
手伝ってもらった。

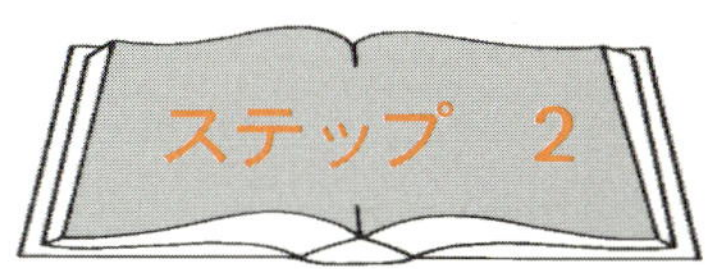

「うさぎとかめ」の話の順に絵に番号をふりましょう。

a. (　)

b. (①)

c. (　)

d. (　)

e. (　)

カメさんの日記

① 今日野原に行ったらうさぎくんにひどいことを言われた。「かめくんは本当にのろまだなあ」って。うさぎくんはいつもぼくを馬鹿にする。だからぼくはきょうは腹が立って、「そんなに自信があるならあの丘の上まで競争しよう。絶対負けないよ」と言ったんだ。

② でもやっぱりうさぎくんは足が早いし、自信はぜんぜんなかった。でも自分から言っちゃったし仕方がないから走ったけれど、うさぎくんは本当に足が早かった。あっという間に見えなくなっちゃった。

③ でもあきらめないで一生懸命走った。丘を登るのは本当に大変だった。でもゆっくりゆっくり少しずつ登った。そしたら、ゴールの前でうさぎくんが眠っていた。これはチャンスだと思って、うさぎくんを起こさないように、そっとゴールへ走った。

④ 一生懸命走ってうさぎくんよりはやくゴールに着いた。ぼくの勝ちだ。本当にうれしかった。あきらめないでがんばってよかった。

⑤ しばらくしてから、うさぎくんが慌ててゴールにやって来た。うさぎくんは恥ずかしそうに、「途中で居眠りしちゃって・・」って言っていた。そして、「今までいろいろばかにしてごめんね。これからはばかにしないよ」って言った。ぼくたちは仲直りをして、これからは仲よく一緒に遊ぶことにした。

🔍 新しいことば

馬鹿にする(ばかにする)：무시하다, 바보취급하다	腹が立つ(はらがたつ)：화가 나다
丘(おか)：언덕	競争する(きょうそうする)：경쟁하다
あっという間(あっというま)：눈 깜짝할 사이	登る(のぼる)：오르다
居眠りする(いねむりする)：졸다	仲直りをする(なかなおりをする)：화해하다

 課題

視点の違いに注意して、うさぎさんの日記を書いてみよう。

名前　[　　　　　　　　　]

月　　　　　日　　　　　天気(　　　　)

第5課　投書をする

新聞や雑誌には、読者が投稿した記事が載っている投書欄がありますね。みなさんの中で投書をしたことがある人はいますか。投書は不特定多数の人に向けて自分が感じたことや社会に対する意見を述べたものです。この課ではみなさんが日頃感じている問題について、投書をする練習をしましょう。意見の言い方にはどのようなものあるでしょうか。表現によって主張の強さが変わります。自分の意見が読んでいる人に上手に伝わるように、意見を述べる技術を練習しましょう。

❶　最近誰かに文句を言いたくなるようなことがありましたか。

　　例)地下鉄の中で隣の人のMP3の音がとてもうるさかった。

❷　そのようなとき、直接文句を言いますか。他にどのような方法があると思いますか。

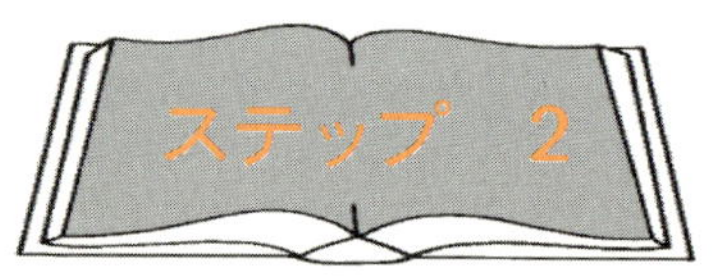

茶髪、ピアス……仰天＝主婦・47(和歌山市)

　先日のお昼時、ファストフード店へ入り、先客の4人連れの女子高生に仰天した。

　茶髪にピアスをし、濃い化粧をした彼女らは、極端に短いスカートをはき、セーラー服が何とも不釣り合いないでたちである。周りに人がいることなど眼中にないらしく、大声でしゃべりまくっている。

　どうやら、テスト中らしく「さっぱり分からんから、ずっと寝てて、白紙で出しちゃった。ハ、ハ、ハ」と高笑い。あっけにとられる周囲の視線などおかまいなしに話している。まだ幼さの残る顔とは、似ても似つかぬ言葉が口からポンポン飛び出し、あぜんとした。

　高校は義務教育ではない。どうして、あんな格好までして高校へ行くのだろう。学ぶ意思のない者は、社会へ出て働く方が賢明である。

　意味のない3年間の高校生活より、就職して働く生活の方がずっと充実しているにちがいない。

1996年7月5日　毎日新聞朝刊 ［みんなの広場］ より

（一部改訂）

筆者は何に対して怒っているのでしょうか。

🔍 新しいことば

お昼時(ひるどき)：점심 때	仰天する(ぎょうてんする)：몹시 놀라다, 어처구니가 없다
しゃべりまくる：마구 떠들어대다	眼中にない(がんちゅうにない)：안중에 없다
あっけにとられる：어안이 벙벙하다, 어이가 없다	おかまいなし：신경쓰지 않음, 개의치 않음
幼さ(おさなさ)：'幼い(어리다)'의 명사형, 어림	
似ても似つかぬ(にてもにつかぬ)：전혀 닮지 않음, 전혀 어울리지 않음	
あぜんとする：아연해 하다	格好(かっこう)：모습, 태도

❶ あなたが通った高校には髪型に関する校則がありましたか。どんな校則でしたか。服装に関する校則はどのようなものがありましたか。

❷ それについてどう思いましたか。

❸ みなさんは、校則で服装を規制するべきだと思いますか？

あなたの意見に〇をつけましょう。理由も書きましょう。

❶ 化粧

（　）高校生も化粧をするべきだと思う。
（　）高校生が化粧をしてもいいと思う。
（　）高校生は化粧をしないほうがいいと思う。
（　）高校生は化粧をしてはいけないと思う。
（　）高校生は化粧をするべきではないと思う。

なぜなら

❷ ピアス

（　）高校生もピアスをするべきだと思う。
（　）高校生がピアスをしてもいいと思う。
（　）高校生はピアスをしないほうがいいと思う。
（　）高校生はピアスをしてはいけないと思う。
（　）高校生はピアスをするべきではないと思う。

なぜなら

❸ 茶髪

（　）校則で茶髪を禁止するべきだと思う。
（　）校則で茶髪を禁止したほうがいいと思う。
（　）校則で茶髪を禁止しなくてもいいと思う。
（　）校則で茶髪を禁止してはいけないと思う。
（　）校則で茶髪を禁止するべきではないと思う。

なぜなら

次のことについてはどう思いますか。

・校則で制服を決める　・校則で携帯電話を禁止する　・校則でかばんを決める

・校則でスカートの長さを決める　・校則でMP3の持参を禁止する

校則で制服を決めたほうがいい。

校則で制服を決めたほうがいいだろう。

校則で制服を決めたほうがいいだろうと思う。

校則で制服を決めたほうがいいのではないか。

校則で制服を決めたほうがいいのではないだろうか。

校則で制服を決めたほうがいいのではないかと思う。

校則で制服を決めたほうがいいように思う。

校則で制服を決めたほうがいいような気がする。

校則で制服を決めたほうがいいかもしれない。

❶ 文句言う前にやるべきこと　　神奈川県　匿名希望(予備校講師　36歳)

　本欄の投書を読んでいてわたしはいつも思う、「あなたたち生徒は、そんなに偉いのか」と。「生徒を呼び捨てにするな」「茶髪のどこが悪い」「丸刈りを強制するな」……。

　日夜、教師は自分の生徒に正しい人間に育ってもらおうと死にもの狂いの努力をしているはずだ。校則も将来、社会に出た時にきちんと生活出来るように、また在校中に不良にならないように、との学校側の懸命な配慮の結果だ。そんな大人たちの願いを考えもせず、生徒は「何のための勉強なの？」などと教師に言いたい放題だ。学校の規則が守れないで将来、法律が守れるのだろうか。言いたいことがあれば、きちんとやるべきことをやってからにしてほしい。

1996年5月20日　朝日新聞朝刊「私もひとこと」より

 **新しいことば**

匿名希望(とくめいきぼう)：(투고, 방송 인터뷰, 성금 등을 하면서) 익명을 희망함

予備校(よびこう)：입시학원

呼び捨て(よびすて)：~씨, ~부장님, ~형, 오빠, 누나, 언니 등의 호칭을 붙이지 않고 이름만 부르는 것

茶髪(ちゃぱつ)：갈색머리

丸刈り(まるがり)：까까머리

日夜(にちや)：밤낮

死に物狂い(しにものぐるい)：죽을 각오로, 필사적으로

言いたい放題(いいたいほうだい)：하고 싶은 말을 다 이야기 함

❷ 納得できない、膝上を膝下に　　高校生　藤木春香(新潟県　17歳)

　学校で、制服のスカート丈を膝下までにするようにと指示があった。県内の女子高生の
ものが全国的にもかなり短いと雑誌に出たらしく、県から検討を求められているという。

　確かに、私たちの多くはスカート丈が校則の規定より短めだ。学校の規制は比較的緩
いが、それをいいことに無視しているのではなく、それだけ信頼されているのだと思っ
て、勉強も部活も頑張っている。

　防寒のためとか不審者対策とか言われるが、5センチくらい長くなっても万全とはいえ
ない。長いと大人には清楚に見えるかもしれないが、膝下まで隠れるのは幼い感じもあ
り、どうにも抵抗があるのだ。5センチの差は女子高生には大きい。わずか5センチ長い
すそ丈のスカートに変えるのに1万円支払うのもばからしい。冬の間は私服が認められて
いるが新学期からは全員制服になる。学校側との意識の差はかなり感じているが、いず
れにしても、当局からの指示にそのまま従うのではなく互いに意見を交わし納得のいく
解決を導くよう話し合ってほしい。

2005年3月3日　朝日新聞朝刊［声］より

🔍 新しいことば

膝下(ひざした)：무릎 아래, 무릎 밑	緩い(ゆるい)：느슨하다
部活(ぶかつ)：특별활동, 동아리활동	清楚(せいそ)：청초
幼い(おさない)：어리다	すそ：소매
ばからしい：바보같다, 어리석다	交わす(かわす)：교환하다, 바꾸다

❸ 校則で髪の色を決められる？　　文京区　　匿名希望(主婦　37歳)

娘は私立の女子高時代、生まれつき髪が赤いにもかかわらず、先生の呼び出しを受けて「染めているのか!」と怒鳴られ、泣いて帰宅した。「悔しい」と泣いていた姿が忘れられない。

厳しい校則の中で、まじめに生活しているのに、多感な思春期の心に土足で踏み込み、傷付けるのはやめてほしい。人間として、大人として、教師として、ひと呼吸してから校則に取り組んでほしい。染めた子がいたにせよ、人に迷惑をかけるわけではないじゃないですか。

1995年3月20日　毎日新聞東京版［私はこう思う］より

（一部改訂）

🔍 新しいことば

生まれつき(うまれつき)：태어날 때부터 그러함, 선천적임	呼び出し(よびだし)：호출
染める(そめる)：물들이다, (머리를) 염색하다	土足で踏む込む(どそくでふむこむ)：흙 묻은 발로 짓밟다
傷付ける(きずつける)：상처입히다, 상처주다	迷惑をかける(めいわくをかける)：폐를 끼치다

練習1

❶、❷、❸の投書ではどのような主張をしていますか。主張をしている文に線をひきましょう。

あなたは校則についてどう思っていますか。高校時代の経験に基づいてあなたの主張を書いてみましょう。

モデル文

自分の主張を不特定多数の人に読んでもらうためにはどのような文章がいいでしょうか。まず何について述べるのか、自分はそのことについてどう思っているのかを明確にする必要があります。構成を意識しながら、モデル文を読んでみましょう。

[奨学金の免除職規定を見直す]

❶日本育英会は毎年多くの学生に奨学金を貸与しています。そして、大学及び大学院を卒業後、いわゆる免除職についた人は返還時期が来ても返さなくてもよい規定になっています。私は、この免除職の規定について、もう一度見直す必要があるのではないかと思います。

❷免除職というのは、教職や育英会が認める研究機関での研究職を指します。しかし、これには日本国内という限定があって、外国の大学や研究機関での就職はこの免除職に当たりません。つまり、いくら専任の大学教員になったとしても、外国の大学で勤務する人は奨学金を返還しなければならないのです。

❸もちろん、借りたものは返さなければならないし、育英会の資金が無尽蔵でないこ

とはよくわかっています。しかし、なぜ日本国内では免除職として認められて、外国ではダメなのでしょうか。

　最近の科学技術の進歩はめざましく、今や日本はその最先端にいると言っても過言ではありません。多くの研究者や科学者が海外から招聘を受けて外国の大学などで教える機会も多くなりました。また人文学の世界でも、日本語教育に携わる研究者は、外国の大学で教えてこそ、その価値を発揮するのではないでしょうか。しかし、こうした人たちがいくら外国の大学で活躍しても、それは免除職とは認められず、本人が日本にいないにもかかわらず、貸与された奨学金を返さなければならないという事態が発生しています。

　❹日本のお金で奨学金を貸与したのだから、日本国内でその恩を返せ、というのなら、これはあまりにも島国根性というものではないでしょうか。今後は外国での教職・研究職も免除職と認定するべきだと思います。世界に羽ばたく若者のために、日本育英会は免除職の規定について、今一度見直す必要があると思います。

🔍 新しいことば

奨学金(しょうがくきん)：장학금	貸与(たいよ)：대여, 대출
免除(めんじょ)：면제	見直す(みなおす)：다시 보다
返還(へんかん)：반환	無尽蔵(むじんぞう)：무진장
招聘(しょうへい)：초빙	
～といっても過言ではない(～といってもかごんではない)：～라 해도 과언은 아니다	
携わる(たずさわる)：종사하다	島国根性(しまぐにこんじょう)：섬나라근성
羽ばたく(はばたく)：날개짓 하다	

！ 確認しましょう：投書文の構成

❶ 問題提起、及び投書者の主張

- ・何について述べるのか。(問題提起)
- ・主張したいことは何か。

❷ 問題点の指摘

- ・問題点についての説明
- ・何が問題になっているのか。

❸ 問題点・現システムに対する批判、及び反論

- ・問題点を問題だと考える根拠
- ・反論

❹ 投書者の主張する解決案とまとめ

- ・解決策
- ・自分の主張をまとめる

[　　　　　　　　　　　　　　　　　　　]について一言言いたい!!

○ 投書をしたい内容をメモしましょう

❶	何について述べるか
❷	何が問題か
❸	どのように改善すべきか
❹	主張のまとめ

名前 [   ]

❶

❷

❸

❹

第6課　要約をする

自分が読んだ新聞記事やエッセイの内容を簡単にまとめて他の人に伝えるのは案外難しいものです。要約をして、重要なポイントだけを端的に述べなければなりません。長い文章の要点をまとめるときにはどのようなことに気をつけたらよいでしょうか。この課では字数を意識しながら、要約の技術を勉強しましょう。

「お父さん、あなたの出番です」

❶　新聞の社説のタイトルです。どんな内容だと思いますか。自由に話し合ってみましょう。

❷　以下のデータからどんなことがわかりますか。

A　父親の家事参加(「いつもしている」+「週に3〜4回くらい」の割合)

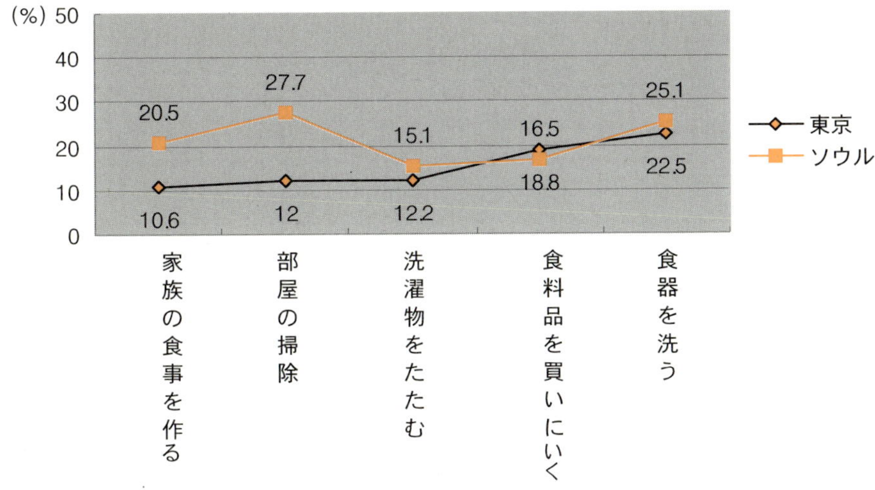

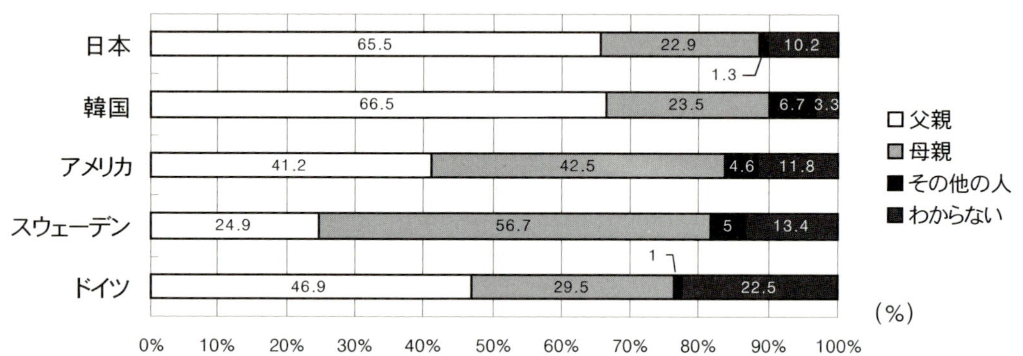

C 父親の存在イメージ　　　　　　　　　　　　　　　　　（%）

国名＼順位	1位	2位	3位	4位	5位
日本	尊敬できる 39.2	やさしい 32.3	厳しい 28.8	自分のことをよく理解してくれる 25.8	生き方の手本となる 15.4
韓国	厳しい 41.4	尊敬できる 40.6	生き方の手本となる 29.1	やさしい	自分のことをよく理解してくれる 25.0
アメリカ	尊敬できる 67.6	やさしい 52.9	友だちのようである 45.2	生き方の手本となる 42.7	自分のことをよく理解してくれる 34.9
スウェーデン	尊敬できる 72.8	やさしい 61.8	自分のことをよく理解してくれる 34.1	生き方の手本となる 32.9	友だちのようである 25.9
ドイツ	尊敬できる 53.0	自分のことをよく理解してくれる 38.9	やさしい 37.8	友だちのようである 35.3	生き方の手本となる 33.1

グラフ出典：

A	深谷昌志監修「日韓高校生の抱く家族像の対比」 『モノグラフ・高校生VOL.66』ベネッセ教育総研2002
B, C	第7回世界青年意識調査結果概要速報（2004年） 内閣府政策統括官（総合企画調整担当）

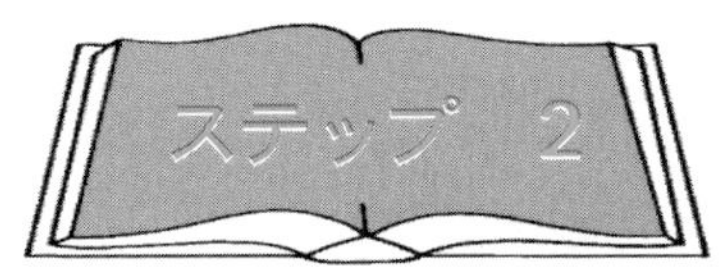

「お父さん、あなたの出番です」

「おとうちゃんは　カッコイイなあ　ぼく　おとうちゃんににてるよね　大きくなると
もっとにてくる？　ぼくも　おとうちゃんみたいに　はげるといいなあ」

　本紙「くらし・家庭」欄の「こどもの詩」(東京本社管内)にかつて掲載された小学校一年
生の男の子の詩だ。父親を人生の模範ととらえ、尊敬と信頼を寄せている気持が伝わる
として、合唱曲に使われもした。

　子育てに父親の果たす役割はきわめて大きい。だが、父親の育児への関わりは希
薄だ。

　1996年の総務庁(当時)調査によると、6歳未満の子供のいる世帯で、夫が育児に携わ
る時間は一日平均17分に過ぎなかった。父親が子供と一緒に過ごす時間はアメリカ、
イギリスなどをはるかに下回る。

　若い世代でようやく、子供との触れ合いを重視する傾向も出てきたが、中身が問題
だ。「弱いものいじめをしない」など、生き方や規範について父親にさとされたことのあ
る子供の比率は、国際比較調査で最低ランクだ。

　子育てで大切なのは子供に親との一体感をまず与えることだ。その上で、子供に善悪
の判断、社会の規範を教える必要がある。

　一律ではないにせよ、子供に社会的な規範などを教える役割は、父親に期待されるこ
とが多い。父親が自分の価値観を示すことが大切だ。それなしでは子供はアイデンティ
ティーも規範意識も形成できないままになる。

　「人はすべて二世である」という言葉がある。親の姿勢が子供に与える影響の大きさを
示している。父親がより積極的に子育てとかかわる必要がある。

　とはいえ、「理想的な父」であることが難しい時代でもある。父親が家庭に居場所を見
つけられないケースもある。社会の価値観の揺らぎも深刻だ。

　まず身近なところから始めてはどうだろう。

　埼玉県狭山市の狭山ひかり幼稚園では恒例の「家庭幼稚園」が始まる。親が他の園児

5、6人を預かる。

　父親の出番になる。勤務先の消防署や自衛隊基地に子供たちを案内し、消防車やヘリコプターに乗せた人もいる。スポーツや遊びも工夫する。「家庭幼稚園」は、子供に自分の何を知ってもらいたいか、父親が考える場にもなっている。

　「ぼく　おとうちゃんに　にてるよね」。そう言ってもらうには、父親が自分を振り返る必要もありそうだ。「こどもの日」は大人のための日でもある。

2004年5月5日　読売新聞［社説］より

 ## 新しいことば

はげる：(頭が) 벗겨지다	掲載 (けいさい)：게재
触れ合い (ふれあい)：만남, 교감	子育て (こそだて)：육아
揺らぎ (ゆらぎ)：흔들림	預かる (あずかる)：맡기다
工夫 (くふう)：궁리	振り返る (ふりかえる)：뒤돌아보다

どちらの要約文がいいと思いますか。その理由は何ですか。

A　子育てに父親の果たす役割は大きいが、実際には父親の育児への関わりが希薄である。若い世代では子供との触れ合いを重視する傾向も出てきたが、子供に善悪の判断、社会での規範を教える役割を十分担うまでには到達していない。このような役割を果たすためには自分の価値観を教えることが大切であり、父親が子育てに積極的に関わる必要がある。父親が家庭に居場所を見つけられないなど、理想的な父親であることが難しいのも確かである。しかし、父親が子供に何を知ってもらいたいか、自分を振り返るために身近なことから始めてみる必要がある。「こどもの日」はそのよいきっかけになる日である。

B　子育てに父親の果たす役割は大きいが、1996年の調査によると、夫が育児に携わる時間は17分に過ぎなかった。若い世代ではようやく子供との触れ合いを重視する傾向も出てきたが、「弱いものいじめをしない」など、生き方や規範について父親にさとされたことのある子供の比率は世界で最低ランクだ。生き方や規範について教える役割を果たすためには自分の価値観を教えることが大切である。父親が家庭に居場所を見つけられないなど、理想的な父親であることが難しいのも確かであるが、埼玉県狭山市の狭山光幼稚園の恒例の「家庭幼稚園」のような行事をもっとたくさんするために社会的な援助が必要である。「こどもの日」は大人のための日である。

> ❶ 最近、携帯電話を持っている子供が増えている。❷ しかし、携帯電話を用いた犯罪も急増している。❸ 携帯電話の便利さだけではなく危険性も子供に教えた上で、携帯電話を与えるべきである。

❋ 要点となる文の探し方

❶ 一般的な内容を表す文を探す。

新聞のコラムや社説の場合、最近の事件や現象について言及している場合が多い。具体的な内容は抽象的な言葉にまとめる。

　例）最近の調査によると、携帯電話を持っている小学生の数は〇〇人から〇〇人に増えた。

　→最近、携帯電話を持っている子供が増えている。

❷ (主張の)前提となる状況を設定する文②を探す。

❶に対して問題提起を示す場合があり、「でも」「ところが」「しかし」「実際は」など逆接の接続詞を用いることもある。

❸ 筆者の評価や主張を含む文を探す。

「〜 が必要だ」「大切だ」「重要だ」などの形容詞文や「〜 と思う」「べきだ」「〜 だろう」「ではないだろうか」などの文に注意する。(*第5課「投書をする」[意見の述べ方、文末表現と主張の強さ]参照)

❋ 他の文をまとめる文にも注意する。

これまで述べてきた内容をまとめる時には、「したがって」「つまり」などの接続詞、「のだ」「わけだ」などの文末表現を用いることが多い。これらの表現がある文は、筆者の主張をまとめている場合が多いので注意する。

> 若い世代ではようやく子供との触れ合いを重視する傾向も出てきた
> → 若い世代では子供との触れ合いを重視する傾向も出てきた

「やっと、ようやく、なんとか、なんと…」など筆者の考えを表す副詞は省略する。

> 「弱いものいじめをしない」など、子供に善悪の判断、社会での規範を教える役割を
> 十分担うまでには到達していない。
> → 子供に善悪の判断、社会での規範を教える役割を十分担うまでには到達してい
> ない。

「例えば…、…など、…(の)ような、…という」のような具体例は省略し、抽象的な言葉でまとめる。

> まず身近なところから始めてはどうだろう。父親が自分を振り返る必要もありそうだ。
> → 自分を振り返るために身近なことから始めてみる必要がある(← ありそうだ)

「と思われる」「だろう」など作者の意見を述べる文末表現(＊第5課「投書をする」【意見の述べ方、文末表現と主張の強さ】参照)を省略する。

> 子供に善悪の判断、社会での規範を教える役割を十分担うまでには到達していな
> い。子供に善悪の判断、社会での規範を教える役割を果たすためには…
> → このような役割を果たすためには…

重複を避けるために「指示語」を用いる。

> 「こどもの日」は大人のための日である。
> → 「こどもの日」は父親が自分を振り返るよいきっかけとなる日である。

比喩的な表現は筆者の主張にあわせて内容を類推する。

次の文を読んで250字から300字程度に要約してみよう。

「防犯カメラ　市民の自由は守れるか」　東京新聞2004年3月29日　社説

　街頭などの防犯カメラについて東京都杉並区が全国初の条例をつくった。カメラの運用面での一定の規制も盛り込んでいるが、まだまだ不十分だ。「監視社会」が進まないよう幅広い議論が必要だ。

　「情報社会の中ではプライバシーは見えない私有財産。これを守る体制をつくることが、われわれの大きなテーマだ」。山田宏区長は、防犯カメラの設置及び利用に関する条例案が区議会で可決、成立した後、こう言い切った。

　条例は「防犯カメラの有用性に配慮しつつ、区民などの権利利益を保護する」と目的をうたっている。区や商店会、町会などが道路、公園などに設けるカメラが対象だ。設置者は区長に届け出る義務がある。

　設置する場合、カメラのあることがわかるよう表示しなければならない。画像の加工、第三者への提供などは原則禁止される。カメラについて苦情があれば、区民は区長に申し立てることができる-というのが主な内容。施行は七月一日からだ。

　多発する犯罪の抑止の切札として、防犯カメラは全国で急速に普及している。昨年七月には、長崎市の男児誘拐殺人事件で防犯カメラの画像が犯人逮捕の決め手になった。杉並区の商店街の落書き事件もカメラが解決へ導いた。

　全国レベルの各種世論調査をみても、繁華街などのカメラ設置について大半が「賛成」の意見だ。犯罪の予防に効果を期待しているのが、その理由である。一方で、ところかまわず映されることに市民の不安があるのも事実である。

　杉並区の条例では画像を目的外に使用することを禁じているが、カメラの撮影方法や保管方法、保存期間が明示されていない。

　一方で、国や都などが設置するカメラは対象から外されている。金融機関やコンビニ、個人が自宅に設置する範囲も適用されない。コンビニにも店のカメラではなく、警察の監視カメラが進出している。個人が複数のカメラを自宅に取り付けて近隣を見張っているケースもある。

　今回の条例は違反しても罰則がない。基本原則に「容ぼう・姿態をみだりに撮影されない自由を有する」とうたったのは評価できるが、監視が強まることへの不安も強い。市民的自由が十分守れるだろうか。

　他の自治体でも同様の条例化の動きがあるが、そもそもカメラの撮影は肖像権に関わる問題である。杉並区の例をきっかけに、国や都、警察の監視カメラなどについても、法整備を含めて各機関や議会は真剣に考えるときだろう。

🔍 新しいことば

街頭(がいとう)：가로등	条例(じょうれい)：조례
盛り込(もりこむ)：(화제 등을) 담다	言い切る(いいきる)：단호히 이야기하다
苦情(くじょう)：불평, 불만	申し立てる(もうしたてる)：(불평 등을) 이야기하다, 주장하다
施行(しこう)：시행	抑止(よくし)：억제
切札(きりふだ)：최후의 수단	決め手(きめて)：결정적 단서, 수단
落書き(らくがき)：낙서	導いた(みちびいた)：이끌었다
繁華街(はんかがい)：번화가	ところかまわず：장소를 가리지 않고
近隣(きんりん)：근린, 이웃, 근처	見張る(みはる)：망보다, 지켜보다
罰則(ばっそく)：벌칙	容貌(ようぼう)：용모
姿態(したい)：모습	みだりに：함부로
肖像権(しょうぞうけん)：초상권	きっかけ：계기, 기회

260

300

みなさんは本を買ったり、映画を見たりするとき、周りの人の評判を参考にすることがあ
りますか。インターネットでの評判を見て、映画を見に行ったことがありますか。みなさ
んが好きな本や映画を推薦する文を書いてみましょう。読んだ人が読んだり見たりしたく
なるような推薦文とはどのようなものでしょうか。

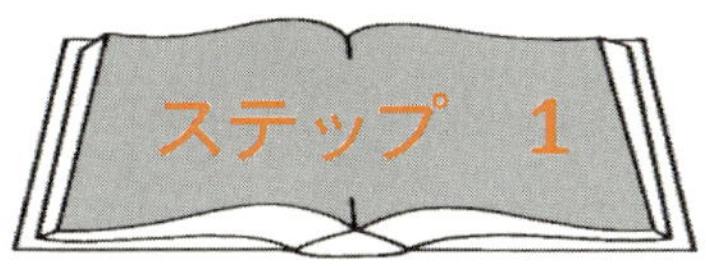

❶　どんな本だと思いますか。

❷　どんな人が買いたくなると思いますか。

❸　効果的な「帯」とはどんなものだと思いますか。

a.

b.

c.

d. 

キャッチコピーをつけてみましょう。あなたならこの本の帯にどんなキャッチコピーをのせますか。

① シンデレラ ____

② ソナギ ____

③ あなたの好きな本（　　　　　　　　　　　　）

____

① どんな本だと思いますか。

② どんな人にあう話だと思いますか。

❶ 作品の背景や筆者について簡単にまとめます。

❷ 内容を簡単に説明します。

❸ どんな人にあう話かわかりやすく説明します。どうしてこの本を勧めるか説明します。

＊ つぎの言葉を確認しましょう

作品　題名(×題目)　作者　著者　筆者　受賞　本書　主人公　舞台　背景
支持を集める　読者　あらすじ　描く　主題

『対岸の彼女』角田光代　文藝春秋(2004)

❶ 本書は2004年度直木賞を受賞した作品であり、筆者である角田光代氏は20代から30代の支持を集めている作家である。どこにでもいるような女性を主人公にし、どこにでもある状況を舞台としながら、現代を生きる若い人が誰でも抱えている問題、家族とは何か、友達とは何かを常に鋭い視線で問いかける作家である。

❷ この話の主人公は幼い娘を持つ専業主婦の「小夜子」である。周囲の母親達と関係がうまく築けないことにうんざりした小夜子は、働くことを決意し仕事を探す。仕事はなかなか見つからないが、同い年で同じ大学出身の女社長、「葵」に気に入られ、彼女の経営する旅行会社のクリーニング部門に採用される。結婚をし、子供を持つ「小夜子」と独身でキャリアウーマンの「葵」。立場の全く違う同い年の二人の間に不思議な友情が芽生え始める。

　物語はこの「小夜子」と「葵」の話と、高校時代の「葵」と同級生「ナナコ」の話が交互に描かれている。読み進めていくうちに高校時代の「葵」の姿は「小夜子」と重なっていく。

　しかし、最初はうまくいっていた小夜子と葵の関係が、葵の会社の人間関係に問題が生じたことをきっかけに亀裂が生じるようになる。交互に描かれていた高校生時代の葵とナナコの関係も、悲しい結末を迎えてしまう。

❸　お互い仲よくなりたいと思っているのに、大人になるにつれて、立場や状況が複雑になり友情を築くのが難しくなる。この本のキャッチコピーは「大人になれば自分で何かを選べるの？」だ。子供の時には簡単だったのに、大人になると友達と付き合うのがどうして難しくなるのだろうと考えたことがある人は多いだろう。この本は女同士の友情を描いているだけではなく、人と関わるとは何かを問いかけている。家族や友達、恋人との関係を見つめ直したいと思っている人にぜひ読んでほしい。

🔍 新しいことば

支持を集める(しじをあつめる)：지지를 얻다	状況(じょうきょう)：상황
抱える(かかえる)：품다, 안다	鋭い(するどい)：예리한
視線(しせん)：시선	問いかける(といかける)：묻다
幼い(おさない)：어리다	築く(きずく)：(인간관계 등을) 쌓다
うんざりする：질리다	同い年(おないどし)：동갑, 동갑내기
芽生える(めばえる)：싹트다	交互に(こうごに)：번갈아, 교대로
描く(えがく)：(그림을) 그리다	重なる(かさなる)：겹쳐지다, 중복되다
亀裂(きれつ)：균열	立場(たちば)：입장

❶ あなたはどんな映画が好きですか。

> 恋愛映画　　アクション映画　　SF映画　　コメディー映画　　戦争映画
>
> ホラー映画　　ドキュメンタリー映画

❷ この映画はどんなジャンルでしょうか。

❸ どのようなキャッチコピーがいいでしょうか。ポスターを完成させましょう。

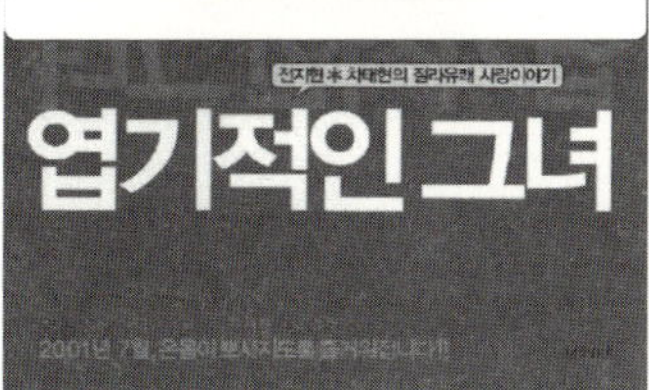

❶ 一番好きな映画は何ですか。

❷ その映画はどんな人に見て欲しい映画ですか。

❸ どんな内容ですか。舞台は？ 登場人物は？

❹ 好きな理由は何ですか。どうして勧めたいですか。

あなたが勧めたい本・映画について推薦文を書いてみましょう。

＊ 作文のヒント ＊

❶ どんな人にあう話かわかりやすく説明しましょう。作品の背景や筆者(監督など)について簡単にまとめましょう。

❷ 内容を簡単に説明しましょう。

❸ どんな人にあう話かわかりやすく説明しましょう。どうしてこの本を勧めるか説明しましょう。

名前 [   ]

本 / 映画のタイトル   作者 / 監督
[   ]   [   ]

キャッチコピー

名前 [   ]

本 / 映画のタイトル   作者 / 監督
[   ]   [   ]

キャッチコピー

第8課　広告を書く

広告文というのは人の気持ちに訴えて、購買意欲を高める目的で書かれるものです。その
ために、簡潔で印象的な文章が多いです。見る人・読む人に衝撃を与えるために、広告
文にはどんな技術が使われているでしょうか。この課では、その技術について練習しま
しょう。

まず、今までに心に残った広告文、おもしろい広告があれば挙げてみてください。

心に残った広告文の例	どの部分がおもしろいか。

❗ 確認しましょう：広告を書く技術

広告やCFで使われるテクニックには以下のようなものがあります。

❶ 韻を踏む：詩や文で、同一もしくは類似の響きをもつ言葉を、一定の間隔あるいは一定の位置に並べること。韻を押す。押韻（おういん）するとも言う。

　（広告例１）「カンタン寒天ダイエット」
　　　－「カンタン」と「寒天」が韻を踏んでいる。また「簡単」をわざとカタカナで書くことで、
　　　　視覚的効果も狙っている。
　（広告例２）Fly, Buy, Dubai
　　　－ アラブ首長国連合、ドバイ空港免税店の広告用キャッチ・コピー。

❷ 語呂合わせを使う：ことわざや俗語などに類似の音を当てて意味のまったく異なる成句に作り直したり、言葉続きの音調によって二重に聞きとれるような成句を作るもの。その場に合って気のきいた、人を笑わせる文句の場合を洒落ともいうが、下手な洒落、つまらない洒落はダジャレといわれる。広告にはあえてダジャレが用いられることも多い。

　　・11月1日　犬の日→１１１（ワンワンワン）
　　・1192年　鎌倉幕府成立の年（いいくにつくろう鎌倉幕府）
　　・「猫に小判」→「下戸にご飯」
　（広告例）「誰でも簡単に相談できる？」
　　　　　　「そうだんです。」（「そうなんです」と「相談」をかけたダジャレ。）

❸ 擬態語・擬音語を使う：音や様子をことばで表すことで、具体的でわかりやすくなる。音のおもしろさで印象に残りやすい。

　（広告例）「つるつる、ぷるぷるの秘密は人類の手の届かない海の底にありました。」

❹ 倒置法を使う：倒置法とは「進もう、未来へ」のように、文において、普通の語順と逆にして語句を配置し修辞上の効果をあげる表現方法。これを用いることでリズムが

良くなったり、印象が強くなる。

　　（広告例1）「行こう、京都へ」

　　（広告例1）「1年中持続する消臭効果」

❺　体言止めを多用する：名詞や動詞・形容詞の名詞形で文章を完結することで、広
告対象を際だたせたり、文章全体を軽快にする効果がある。

　　（広告例）≪ダイバーを魅了する美しい海、セブ島≫

　　世界中のダイバーが集まる海、セブ島。人気の理由は透明度の高さと熱帯魚の多さ。

　　さらに海を満喫するなら小島へ渡ってのダイビングやシュノーケリングがおすすめ。

❻　回文を使う：回文というのは「竹藪焼けた(たけやぶやけた)」「磨かぬ鏡(みがかぬか
がみ)」のように、上から読んでも下から読んでも同じ意味になる文をいう。最近はア
ルファベットを使ったものも見られる。音のおもしろさが勝負。

　　（広告例）大阪咲かそ(osakasakaso)

練習1

　広告には、よく韻を踏んだ文が使われます。次の広告はどの部分が韻を踏んでいま
すか。また、その韻の部分は韓国ではどのように変わっていますか。

❶　インテル社製プロセッサの広告
- 英語版オリジナル　「intel　inside」
- 日本語版　「インテル　はいってる」
- 韓国語版　_______________

❷　コンビニエンス・ストアの広告
- 日本語版　「セブン・イレブン　いい気分」
- 韓国語版　_______________

❶ 2月22日、2月9日は何の日でしょうか。（日本語の）数字の語呂合わせで考えて
みてください。

2月22日　　　..

2月9日　　　　..

❷ 数字やアルファベットの語呂合わせで、何かの記念日をつくってください。

　　月　　　日：（　　　　　　　　）の日

理由：..

　　　..

❶ これは何の広告だと思いますか。また、それはどのあたりから判断しました
か。擬態語・擬音語はどんな効果をだしていますか。

a) ドロドロの血がサラサラになる。　　　（　　　　　　　　　　　　　　）

b) ボールの飛距離がグングン伸びる。　　（　　　　　　　　　　　　　　）

c) 凸りおなかを凹りさせちゃえ！飲んだらビックリ、翌朝すっきり、ドドドドドーッ！

　　　　　　　　　　　　　　　　　　　（　　　　　　　　　　　　　　）

❷ 次の商品の広告にはどんな擬態語・擬音語がふさわしいですか。

a) シャンプーなどのヘア製品　　　　　（　　　　　　　　）

b) 宝石・アクセサリー　　　　　　　　（　　　　　　　　）

c) ラーメン　　　　　　　　　　　　　（　　　　　　　　）

d) 洗濯用洗剤　　　　　　　　　　（　　　　　　　　　　）

e) クッキー、スナック類　　　　　（　　　　　　　　　　）

次の文章を体言止めに変えてみましょう。

「あらゆる臭い・カビ・雑菌、汚れが３時間ですべて消滅します。１年中消臭効果が持続します！バイオの力で悪臭を根こそぎ分解します。貼るだけで簡単です。しかも今なら４個セットで超激安の1200円です。」

以下の文章は美白用美容液(化粧品)の広告文です。

今まで練習した修辞的技術はどのぐらい使われていますか。またその他にどんなテクニックが使われているでしょう。

朗報です。約7年の研究開発。
皮膚科医が長年の研究期間を経てついに完成。

特殊製法による新安定性『ハイドロキノン』
美白用化粧品で今大注目の『グラブリジン』
吸収力の高い『脂溶性ビタミンC誘導体』の3本美白柱。
これだけの「白」にこだわった成分だけを凝縮。
キーワードは「白」
こだわっているからこそ、一点集中できる。
多くのものより、たった一つの目標を達成したい。
その目標とは、
「肌のおくが透けて見えるような白い肌」

シミに対抗する"美肌力"が
ギュッとつまった無添加美容液誕生。

妥協を許さず開発された製品だから、お客様には厳しい目でその効果を実感してほしい。
そして、一人でも多くの方にご評価をいただきたいので、今だけの限定価格。
今すぐお申し込みください。

朗報(ろうほう)：낭보(기쁜 소식)	特殊製法(とくしゅせいほう)：특수제법
安定性(あんていせい)：안정성	脂溶性(しようせい)：지용성
誘導体(ゆうどうたい)：유도체	3本柱(さんぼんばしら)：3개의 기둥
凝縮(ぎょうしゅく)：응축(엉기어 줄어 듦), 응결, 응고	
一点集中(いってんしゅうちゅう)：일점(하나에) 집중	
美肌力(びはだりょく)：살결(피부)을 곱게 하는 힘	無添加(むてんか)：무첨가
美容液(びようえき)：미용액	

話してみましょう

広告文では修辞的技術の他に、どんな言葉がよく使われるでしょうか。それはどうしてですか。モデル文を参考にして話し合ってみましょう。

（例）「無料」、「保証」、「最高」、「限定」、「究極」、「速報」、「衝撃」、「高性能」、「高品質」、「圧倒的」、「マル秘」、「裏ワザ」、「超豪華」、「爆発的」、「一挙公開」、「次世代の」、「プロ仕様」、「史上最高」、「名人直伝」

課題

次の新製品の中から一つを選んで、広告文を書いてください。

① 自動車
② 化粧品(ローション・クリーム)
③ お菓子(スナック)
④ フィリピン(ボラカイ島)旅行
⑤ ドッグ・フード(犬用飼料)

この課ではグラフやアンケートの結果を文章化する練習をします。量や割合を表す表現や
変化を表す表現に注意して、私達の周りにあるデータを分析していきましょう。

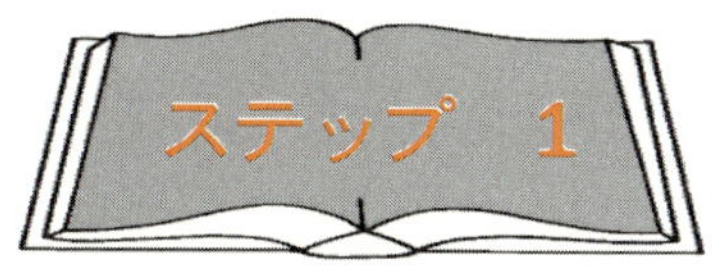

a）❶〜❾の質問に答えてA欄に〇をつけましょう。

b）どうしてそう思いましたか。グループで自由に話し合ってみましょう。

c）日本での回答を予想してB欄に書きましょう。どうしてそれを選んだか、理由
　　も考えましょう（❶❷、❺〜❽の対象は18〜24歳、❸❹は高校生です。）

	質問項目		A	B
❶	結婚はするべきだと思いますか。	結婚するべきだ		（　　）%
		結婚したほうがいい		
		結婚しなくてもいい		
		結婚しないほうがいい		
		わからない		
❷	離婚はするべきではないと思いますか	結婚したら離婚するべきではない		（　　）%
		子供がいれば離婚すべきではない		
		事情によっては離婚もやむをえない		
		愛情がなくなれば離婚すべきである		
		わからない		

③	こどもを一人持つなら どちらがいいですか。	とても＋どちらかといえば男の子が欲しい		（　　）%
		どちらでもよい		
		とても＋どちらかといえば女の子が欲しい		
④	生まれ変わるならどち らになりたいですか。	絶対＋できれば男性		（　　）%
		絶対＋できれば女性		
⑤	子供は親の意見にはで きる限り従うべきだと 思いますか。	そう思う		（　　）%
		どちらかと言えばそう思う		
		どちらかと言えばそう思わない		
		そう思わない		
		わからない		
⑥	年老いた親の面倒を 見るべきだと思います か	どんなことをしてでも親を養う		（　　）%
		自分の生活力に応じて親を養う		
		親自身の力や社会保障にまかせる		
		わからない		
⑦	「男は外で働き、女は 家庭を守る」べきだと 思いますか	賛成する		（　　）%
		反対する		
		わからない		
⑧	子供の世話をするのは 母親だと思いますか。	賛成する		（　　）%
		反対する		
		わからない		

　以下のグラフは❶、❷、❸、❹、❼の日本での調査の結果です。みなさんの予想と同じですか。違いますか。

❶　結婚はするべきだと思いますか。

❷　離婚はするべきではないと思いますか。

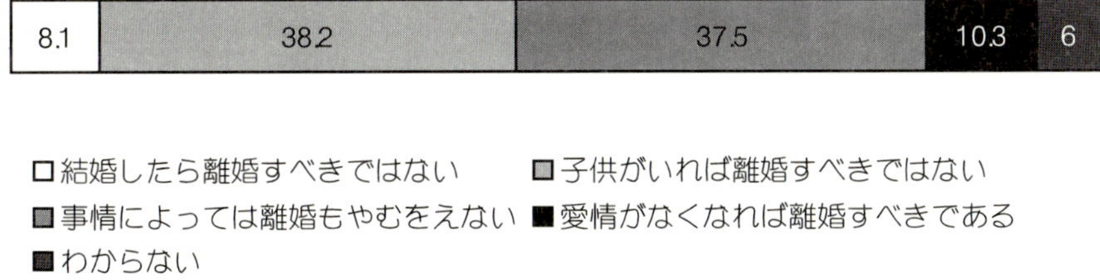

❸　こどもを一人持つならどちらがいいですか。

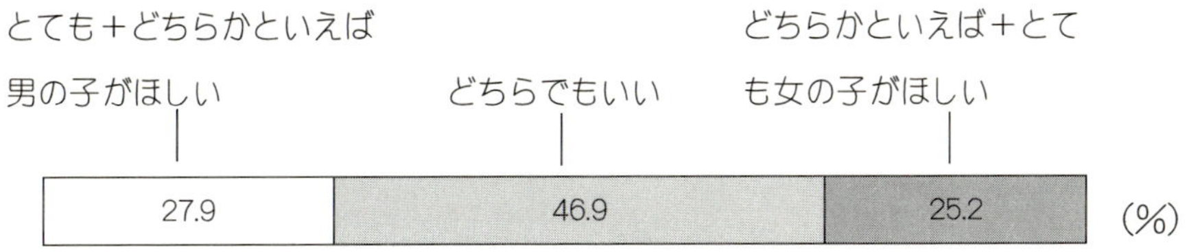

❹ 生まれ変わるならどちらになりたいですか。

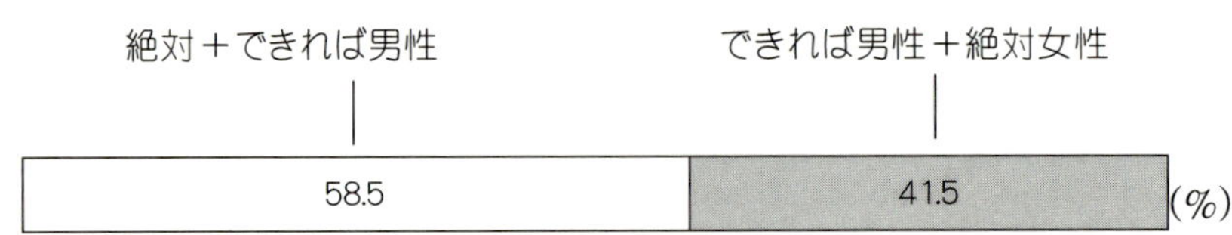

❼ 「男は外で働き、女は家庭を守る」べきだと思いますか。

（1） 数や割合の言い方

・～ 割／ ～ ％（パーセント）／ ～ 台

　例）大学卒業者の初任給の平均は19万円台だ。

・半数／ 過半数

　例）半数以上の人が生まれ変わるなら男性がいいと考えている。

（2） データの提示の仕方

・数値（割合）　である　／　を占める。

　例）結婚すべきだと考える人は16％だった。

　　　結婚すべきだと考える人は16％を占めた。

　　　16％の人が結婚すべきだと考えた。

（3） 自分の予想と比べながら述べる

思ったよりも多いと思ったとき

・数値　も　占める

　例）「男は外で働き、女は家庭を守る」という考えに反対する人は68.5％も占めた。

・数値　に（も）なる／　上る

　例）「男は外で働き、女は家庭を守る」という考えに反対する人は68.5％にもなった。

・数値　を　上回る

　例）「男は外で働き、女は家庭を守る」という考えに反対する人は60％を大きく上
　　　回った。

　例）結婚はしたほうがいいという意見が半数を上回った。

思ったよりも少ないと思ったとき

・数値　　　　しか〜　ない　　数値以下／ 未満

　例）「男は外で働き、女は家庭を守る」という考えに賛成する人は16.1％しかいなかった。

・概数　に　満たない

　例）「男は外で働き、女は家庭を守る」という考えに賛成する人は20％に満たなかった。

・概数　を　下回る

　例）「男は外で働き、女は家庭を守る」という考えに賛成する人は20％を下回った。

練習

上のグラフから一つを選んでデータを文章化しなさい。

話してみましょう

　99〜100ページを見てみましょう。韓国で同じアンケートをしたら、どのような結果になると思いますか。それはどうしてですか。話し合ってみましょう。

各国の結果を比べてみましょう。どんなことが言えますか。

①　結婚はするべきだと思いますか。

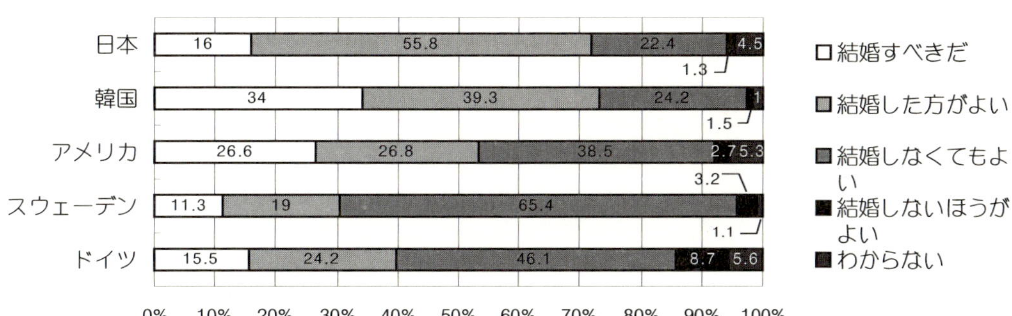

②　離婚はするべきではないと思いますか。

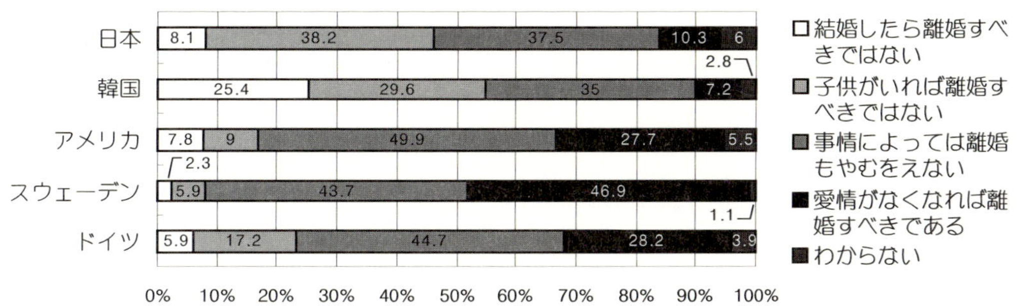

⑤　子供は「親の意見にはできる限り従うべきだ」と思いますか。

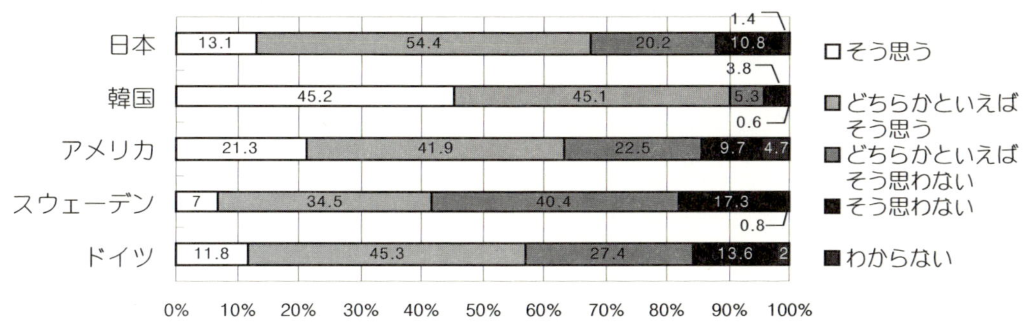

❻ 年老いた親の面倒を見るべきだと思いますか。

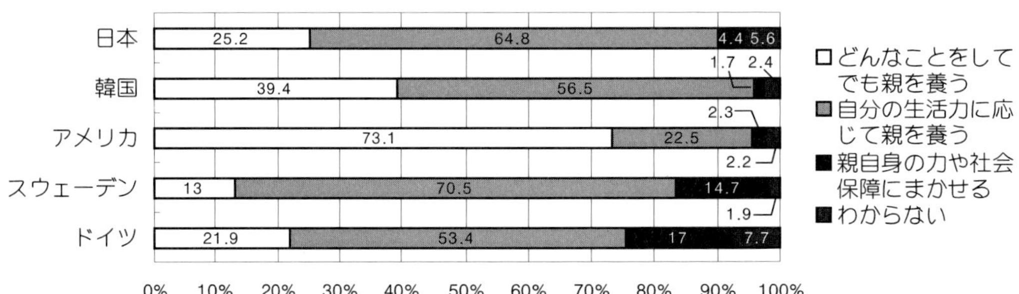

❼ 「男は外で働き、女は家庭を守る」べきだと思いますか。

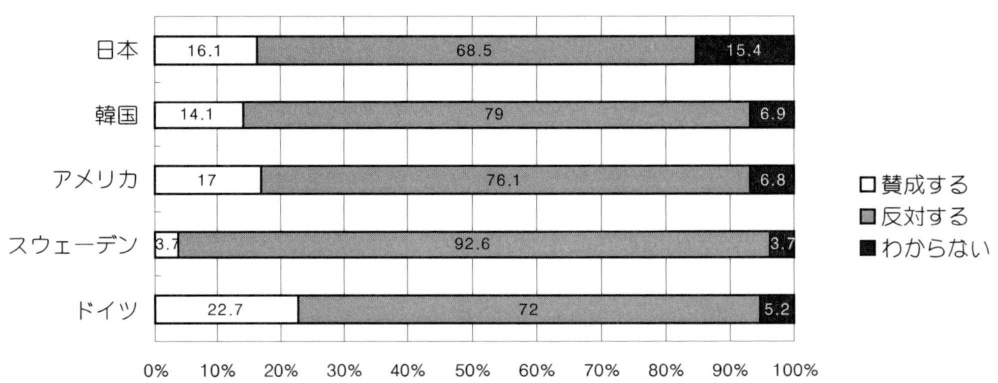

❽ こどもの世話をするのは母親だと思いますか。

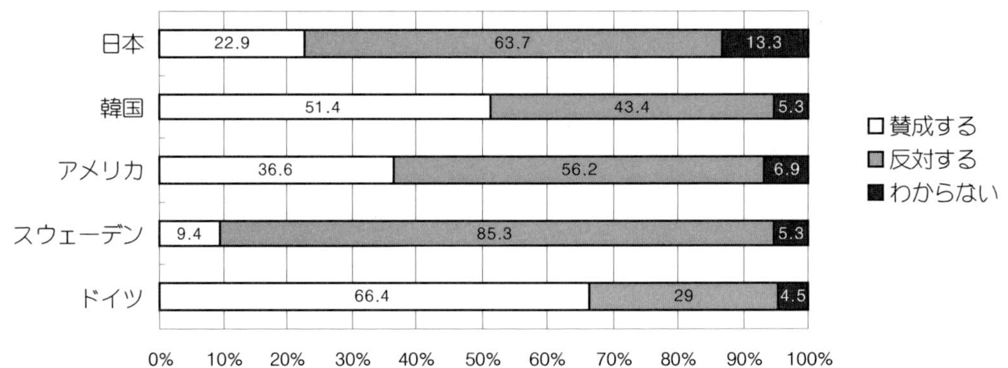

・AとBを比べてみると、Aのほうが〜。

　例）韓国と日本を比べると、韓国のほうが、離婚はすべきではないと考えている人が

　　　多い。

・AとBとでは、Aのほうが〜。

　例）韓国と日本とでは、韓国のほうが、離婚はすべきではないと考えている人が多い。

・Aは[Bより／Bに比べ]〜

　例）ドイツは他の4ヶ国に比べ、男は外で働き、女は家庭を守るという考え方が強い。

　例）韓国はアメリカより結婚はするべきだと考えている人が多い。

・AはB（の中）で一番／最も〜

　例）スウェーデンは5ヶ国の中で最も、結婚すべきだという考える人が少ない。

練習

上のグラフから一つを選んでデータを文章化しなさい。

____

____

____

____

____

　下のグラフからどんなことがわかりますか。どのように変化したかを考えてみましょう。

❼ 「男は外で働き、女は家庭を守る」べきだと思いますか。

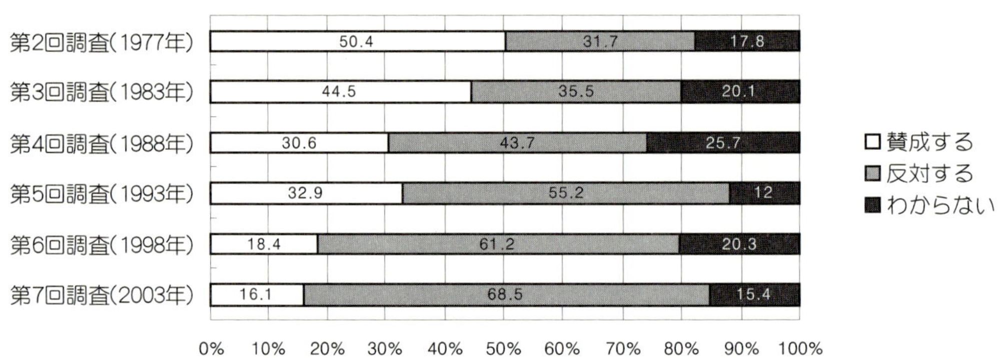

❗ 確認しましょう：変化の表現

いつ　　　　　～(年)に、～から～にかけて

どのように　　(変化の様子：量) 大きく、大幅に、やや、わずかに

　　　　　　　(変化の様子：速さ) 徐々に、少しずつ、急に、急速に

どうなった　　(数量)　増える ←→ 減る

　　　　　　　　　　　増加する ←→ 減少する

　　　　　　　(割合、価格、気温など)　上がる ←→ 下がる

　　　　　　　　　　　上昇する ←→ 低下する

データを見ながら変化の表現を使って分析しましょう。

❶ 結婚はするべきだと思いますか。

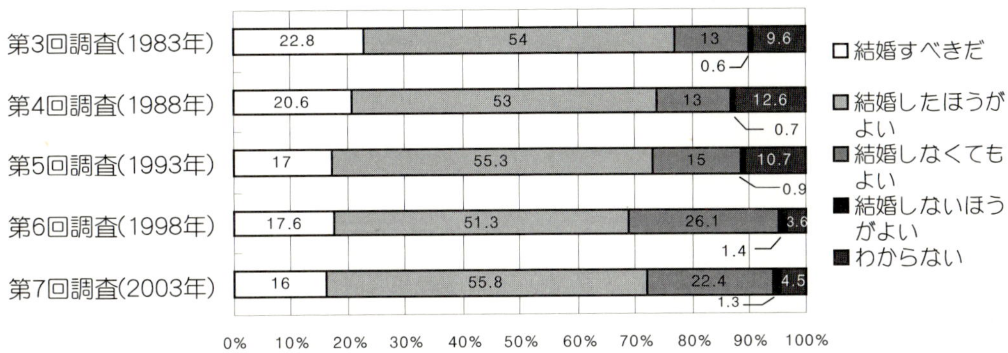

❷ 韓国人の国際結婚数の推移

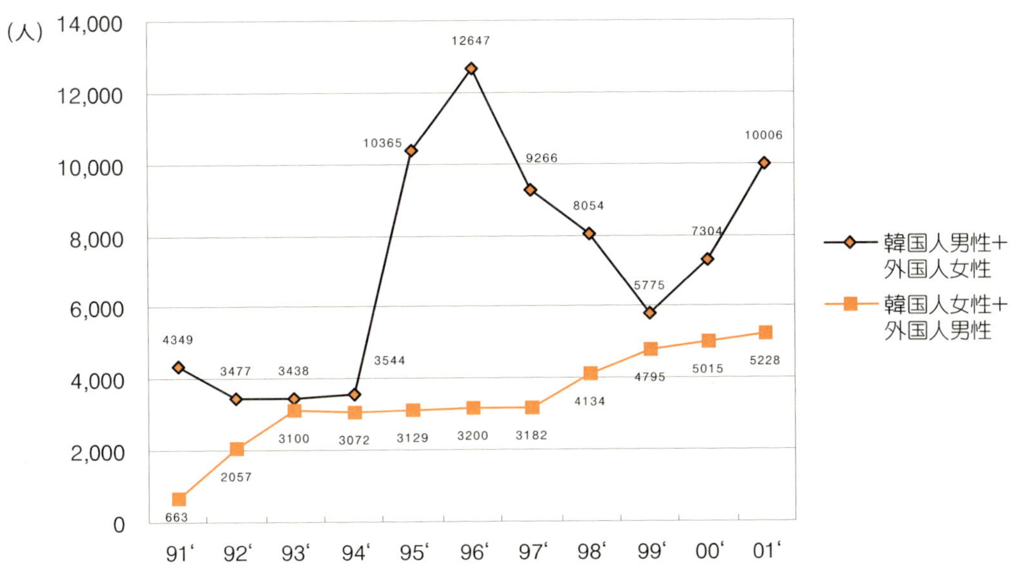

❸ 2000年度国際結婚夫婦の構成

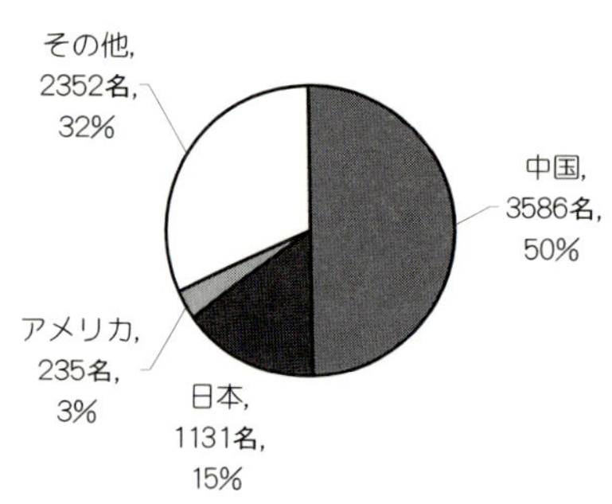

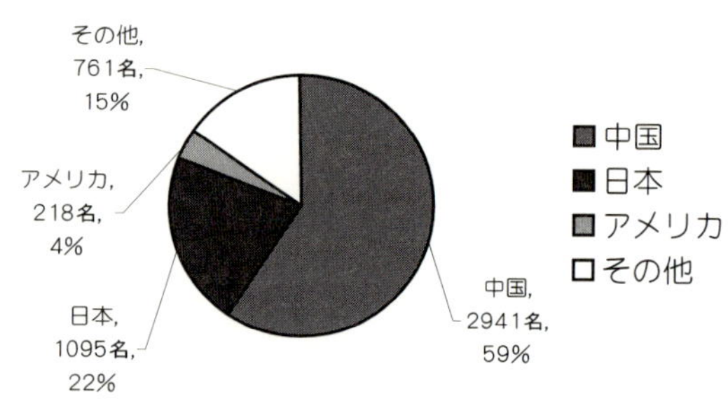

グラフ出典：

❶❷❺〜❽　第7回世界青年意識調査結果概要速報（2004年）

　　　　　内閣府政策統括官（総合企画調整担当）

❸❹　　　深谷昌志監修「日韓高校生の抱く家族像の対比」

　　　　　『モノグラフ・高校生VOL.66』ベネッセ教育総研2002

! 確認しましょう：グラフの名前

帯グラフ　／　円グラフ　／　折れ線グラフ

　＊折れ線グラフでは「増加する」「上昇する」の意味で「右肩上がりだ」という表現を使う
　こともある。例)2,000年以降の中国の景気は右肩上がりだ。

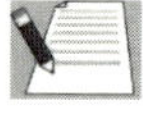 課題

日本の男女の役割について以下の二点をまとめて書きなさい。

　・どのように変わったか

　・他の国々と比べてどうか

名前 [   ]

第10課　新聞記事を書く

みなさんはよく新聞を読みますか。新聞記事は誰か特定の人のために書いたものではなく、誰でも読めるように書いたものです。新聞記事にはどのような特徴があるでしょうか。この課では事件の記事と調査結果の記事を見ながら、出来事を客観的に述べる練習をします。

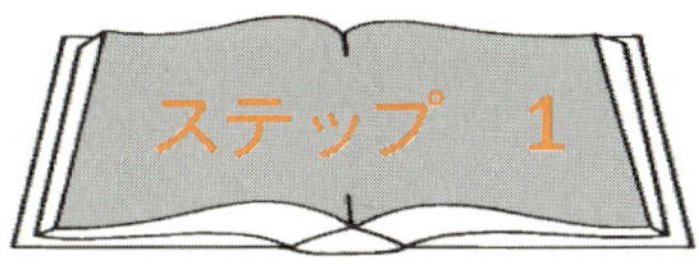

❶　どんな内容だと思いますか。

❷　新聞の見出しにはどんな特徴があると思いますか。

Ⓐ　2008年　宇宙へ旅
日本から7人

Ⓑ　夏の衆院　ノータイ○K
来月から

Ⓒ　野球スーパーW杯決定
来年3月　米で開催
大リーガー参加

Ⓓ　刃だけじゃない　歯も磨いた武士

Ⓔ　胸にバット、小1死亡
ソフトボール中　「心臓震とう」
高知

❶ 次のⅠ～Ⅴの記事の見出しはステップ1のA～Eのどれでしょうか。選んで（　　）に書きましょう。

<u>Ⅰ（　　）</u>

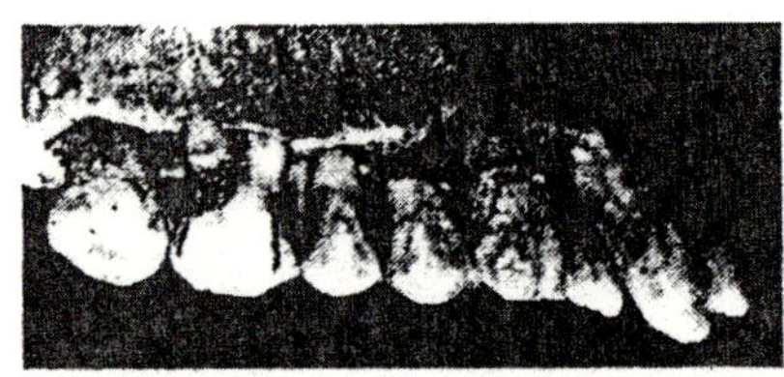

Ⅰ　　　江戸時代の武士は歯磨き熱心で、虫歯も庶民に比べて少なかった—。そんな研究結果を、長崎大大学院医歯薬総合研究科の小山田常一助手らがまとめた。福岡県内の遺跡から出土した武士や庶民の歯を調べた成果で、武士の歯には歯磨きの跡があるとともに、庶民に比べ虫歯が少ないことが確認できた。江戸時代の武士と庶民の虫歯を比較して違いを明らかにしたのは初めて。

江戸時代

庶民より少ない虫歯

長崎大チーム調査

江戸時代の武士は歯磨き熱心で、虫歯も庶民に比べて少なかった—。そんな研究結果を、長崎大大学院医歯薬学総合研究科の小山田常一助手らがまとめた。福岡県内の遺跡から出土した武士や庶民の歯を調べた成果で、武士の歯には歯磨きの跡があるとともに、庶民に比べ虫歯が少ないことが確認できた。江戸時代の武家階級の歯。磨かれて表面がなめらかになっている（小山田助手提供）

武士と庶民の虫歯を比較して、違いを明らかにしたのは初めて。

江戸時代の人が歯磨きをしていたことは、浮世絵や文献などから示されていたが、実際にどの程度、歯磨きしていたかはわかっていなかった。歯磨きには木片の端をつぶして房状にしたものを使い、細かな砂を歯磨き粉にしていたらしい。

小山田助手らは、福岡県内の江戸時代の遺跡から発掘された123人の武家階級の人骨、109人の庶民階級の人骨で、虫歯の有無やエナメル質の状態を調べたところ、それぞれの階級で違いが見られず、歯磨きが武家階級の虫歯を抑えていたと考えられるという。

小山田助手は、「武家は健康管理にひと気を使うため、歯磨きをしていたのかもしれない。ほかの地域も調べて、全体の傾向を突き止めたい」と話している。

その結果、武家階級では虫歯は全体の7・9%だったが、庶民階級では12・2%と高かった。最も虫歯になりやすい歯根部を40～59歳で見ると、武家階級の虫歯は6・2%なのに対し、庶民では12%にもなった。

さらに、歯磨きしたことを示す磨いたような跡が武家階級には多く見られたのに対し、庶民階級ではほとんど見られなかった。また、男性のほうが女性よりも熱心に歯磨きをしていた跡があるという。

虫歯の有無には栄養状態も影響する

読売新聞　2005.5.7

「夢の宇宙旅行は約2100万円」―。中堅旅行会社のクラブツーリズム（本社・東京）は12日、英ヴァージン・グループと提携して宇宙旅行の販売を同日から始めたと発表した。

ヴァージン・グループが2008年に実施する宇宙旅行の日本での販売権を取得し、手始めに7人分を募集する。費用は1人20万ドルで、性別や年齢は問わない。搭乗前にアメリカで3日間程度の訓練を受ける。

米カリフォルニア州の空港を飛び立ち、高度100キロの宇宙空間に約25分間滞在し地球に帰還する。宇宙空間では安全ベルトを外し、機内で4、5分間の無重力を体験する。全体の飛行時間は2時間30分〜3時間を予定している。

1人2100万円、高度100㌔に25分

旅行会社が販売開始

II　　　　夢の宇宙旅行は約2100万円」―。中堅旅行会社のクラブツーリズム（本社・東京）は12日、英ヴァージン・グループと提携して宇宙旅行の販売を同日から始めたと発表した。

　　　ヴァージン・グループが2008年に実施する宇宙旅行の日本での販売権を取得し、手始めに7人分を募集する。費用は1人20万ドルで、性別や年齢は問わない。搭乗前にアメリカで3日間程度の訓練を受ける。

　　　米カリフォルニア州の空港を飛び立ち、高度100キロの宇宙空間に約25分間滞在し地球に帰還する。宇宙空間では安全ベルトを外し、機内で4、5分間の無重力を体験する。全体の飛行時間は2時間30分〜3時間を予定している。

温暖化対策　冷房28度に

衆院議院運営委員会の川崎二郎委員長は17日の理事会で、6月から4か月間、国会内で本会議時を除き、上着とネクタイ、議員バッジを着用しないことを認めるよう提案した。

地球温暖化対策として院内の冷房温度を28度に設定する代わりに軽装を奨励するものだ。与野党は大筋で合意しており、24日の同理事会で正式に決まる見通しだ。

衆院は、議員バッジの代わりに、顔写真入り身分証明書を交付する。本会議では従来通り、議員バッジと上着、ネクタイを着用するとしている。

衆院議員は衆院規則などに基づき、上着やネクタイなどの着用が事実上義務付けられている。

一方、参院議院運営委員会も17日の理事会で軽装について検討に入ったが、「衆院の考え方にこだわらず、独自の対応をすべきだ」などの意見が相次いだ。夏の服装をめぐり、衆参の対応が分かれる可能性がある。

政府は6月から9月まで、ノーネクタイなどの軽装で公務を行うことをすでに決めている。

III　　　　衆院議院運営委員会の川崎二郎委員長は17日の理事会で、6月から4か月間、国会内で本会議時を除き、上着とネクタイ、議員バッジを着用しないことを認めるよう提案した。

　　　地球温暖化対策として院内の冷房温度を28度に設定する代わりに軽装を奨励するものだ。与野党は大筋で合意しており、24日の同理事会で正式に決まる見通しだ。

IV（　　）

【ニューヨーク＝田中富雄】米大リーグ機構と大リーグ選手会は11日、トッププロ選手らによる国別対抗戦「ワールド・ベースボール・クラシック」の第一回大会を、来年3月に開催すると発表した。日本、韓国なども含め16か国・地域の参加を見込んでいるという。

発表によると、北米、南米、欧州、アフリカ、アジア、オーストラリアのチームを4組に分けて予選を行い、決勝トーナメントは米国で実施する。日程などの詳細は、実行委員会を新設して協議し、今年の大リーグオールスター戦（7月12日・デトロイト）で、改めて公表する予定。

この大会は2009年に行い、第2回大会を「スーパー・ワールドカップ」として今年3月の開催を目指して呼びかける招待状は届いているとのこと。大リーグ機構からの提案書、大会概要を12球団に検討してもらっているところだ。

ヤンキース・松井秀喜外野手の話「詳しいことは聞いていないので、何とも言えない。もし状況が整って選ばれるようなことがあれば、そのときはベストを尽くし、なおかつレギュラーシーズンに生かせるような場にしたい」

ナー事務局長の話「大リーグ機構と大リーグ選手会から、ワールド・ベースボール・クラシックへの参加を呼びかける働きかけを続ける。選手会が難航し、先送りされていたが、関係機関の調整がつきはベストを尽くし、すべての選手が参加でき国なども含め16か国・地域の参加を見込んでいるという。

長谷川一雄・コミッショ」

読売新聞　2005.5.12　夕刊

V（　　）

7日午前10時40分ごろ、高知県本山町木能津の空き地で、同町吉延、会社員田岡務さん（32）の長男で町立本山小1年、裕樹ちゃん（6）が、仲間とソフトボールをして遊んでいたところ、同じ小学校の上級生の男児が振った金属バット（長さ80）の先が裕樹ちゃんの左胸に当たった。裕樹ちゃんはその場に倒れ高知市内の病院に運ばれたが、約1時間20分後に死亡。県警本山署は検視を行い、死因を「心臓震とう」と判断した。

同署などによると、裕樹ちゃんは上級生の男児3人ず、バットを持った男児が自宅に戻り、母親と交替、打者の左後方にいた裕樹ちゃんが別の男児と交代、打者の左後方にいた裕樹ちゃんはすでに心肺停止状態だった。

119番で救急車が約15分後に駆けつけたが、裕樹ちゃんはすでに心肺停止状態だった。

心臓震とうは、心臓の収縮が収まる直前に外部から衝撃が加わると心臓がけいれんし、血液を送れなくなるのが効果的で、自動体外式除細動器を普及させるべきだ」と指摘している。

表幹事で、戸田中央総合病院（埼玉県）の興水健治救急部長は「なるべく早く心臓に電気ショックを与える国内の症例は10例あり、野球のノックの球が当たって起きたケースもあるという。10分経過すると救命率はほぼゼロとされ、同会の代遠の小中高生に起きることが多いという。この問題に取り組んでいる「心臓震盪から子供を救う会」による症状で、胸部の骨が未発

読売新聞　2005.5.8

<u>IV</u>　　米大リーグ機構と大リーグ選手会は11日、トッププロ選手らによる国別対抗戦「ワールド・ベースボール・クラシック」の第一回大会を来月3月に開催すると発表した。日本、韓国なども含め16か国・地域の参加を見込んでいるという。

　発表によると、北米、南米、欧州、アフリカ、アジア、オーストラリアのチームを4組に分けて予選を行い、決勝トーナメントは米国で実施する。日程などの詳細は実行委員会を新設して協議し、今年の大リーグオールスター戦（7月12日・デトロイト）で、改めて公表する予定。

<u>V</u>　　7日午前10時40分ごろ、高知県本山町木能津の空き地で同町吉延、会社員田岡務さん（32）の長男で町立本山小1年、裕樹ちゃん（6）が、仲間とソフトボールをして遊んでいたところ、同じ小学校の上級生の男児が振った金属バット（長さ80センチ）の先が裕樹ちゃんの左胸に当たった。裕樹ちゃんはその場に倒れ高知市内の病院に運ばれたが、約1時間20分後に死亡。県警本山署は検視を行い、死因を「心臓震とう」と判断した。

🔍 新しいことば

(Ⅰ)中堅(ちゅうけん) : 중견　　提携する(ていけいする) : 제휴하다

手始め(てはじめ) : 일의 첫시작, 시초, 초보, 입문　　帰還(きかん) : 귀환

無重力(むじゅうりょく) : 무중력

(Ⅱ)対抗戦(たいこうせん) : 대항전　　開催(かいさい) : 개최

見込む(みこむ) : 유망하다고 보다, 기대하다, 내다보다

働きかけ(はたらきかけ) : (상대방이 응하도록 적극적으로) 작용하는 것

呼びかける(よびかける) : 소리를 지르다, 부르다, 호소하다

難航(なんこう) : 난항　　先送り(さきおくり) : 먼저 보냄

整う(ととのう) : 가지런해지다, 정돈되다

尽くす(つくす) : 다하다(있는대로 다하다, 애쓰다), 끝까지 ~하다

生かす(いかす) : 살리다, 소생시키다, 살려두다

(Ⅲ)倒れる(たおれる) : 쓰러지다, 넘어지다, 무너지다

検視(けんし) : 검시(사실을 검사함)　　死因(しいん) : 사인

空振り(からぶり) : (공을)헛침, 목적·목표에서 빗나가 헛일이 됨

収縮(しゅうしゅく) : 수축　　痙攣(けいれん) : 경련

症状(しょうじょう) : 증상　　胸部(きょうぶ) : 흉부

救命率(きゅうめいりつ) : 구명률

(Ⅳ)衆院議院(しゅういんぎいん) : 중의원 의원　　理事会(りじかい) : 이사회

温暖化(おんだんか) : 온난화　　軽装(けいそう) : 경장(가벼운 차림)

奨励(しょうれい) : 장려　　与野党(よやとう) : 여·야당

大筋(おおすじ) : 대강(의 줄거리), 요점　　見通し(みとおし) : 전망, 꿰뚫어 봄, 처음부터 끝까지 봄

身分証明書(みぶんしょうめいしょ) : 신분증명서　　義務付ける(ぎむづける) : 의무를 지우다, 의무로서 부과하다

参院議院(さんいんぎいん) : 참의원 의원　　相次ぐ(あいつぐ) : 연달다, 잇따르다

(Ⅴ)歯磨き(はみがき) : 양치질, 이닦기　　虫歯(むしば) : 충치

庶民(しょみん) : 서민　　跡(あと) : 유적, 자취, 흔적, 발자국, 뒤

浮世絵(うきよえ) : 에도시대에 성행한 풍속화　　木片(もくへん) : 목편, 나뭇조각

端(はし) : 끝(선단), 시초(처음), 가장자리, 잘라낸 조각

つぶす : 찌부러뜨리다, 손상하다, 허비하다, 본디 모습을 잃게 하다, (틈·시간을)메우다, 때우다

房(ふさ) : 송이(처럼 축 늘어진 것)　　歯磨き粉(はみがきこ) : 치약

発掘(はっくつ) : 발굴　　人骨(じんこつ) : 인골

歯根部(しこんぶ) : 치근부(이의 뿌리 부분)　　抑える(おさえる) : (억)누르다, 압류하다, 확보하다, 잡다

ひときわ : 한층 더, 눈에 띄게, 유달리　　突き止める(つきとめる) : (끝내)밝혀내다, 알아내다

❷ 記事を読んで「いつ」、「どこで」、「だれが」、「なにを」、「どうしたか」を表に書きましょう。

	いつ	どこで	だれが	なにを	どうした
I					
II					
III					
IV					
V					

第五課の「投書をする」のモデル文と比べてみましょう。事件の記事の文と投書は印象が違います。どう違うでしょうか。なぜ違うのでしょうか。話し合ってみましょう。

課題1

最近の事件(あなたの身の周りで起ったことでもかまいません)を新聞記事にしましょう。(見出しもつけましょう)

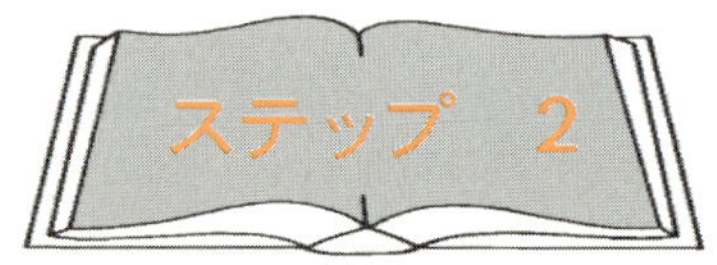

どんな内容だと思いますか。見出しを見ながら考えてみましょう。

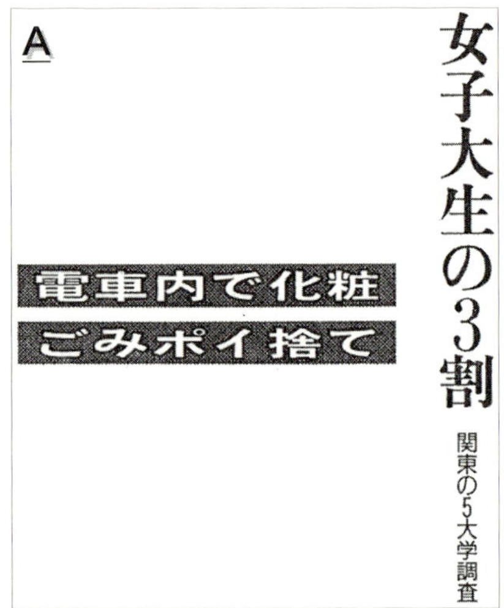

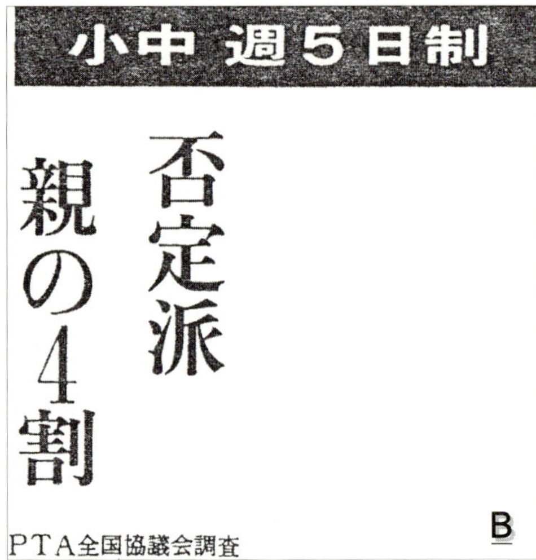

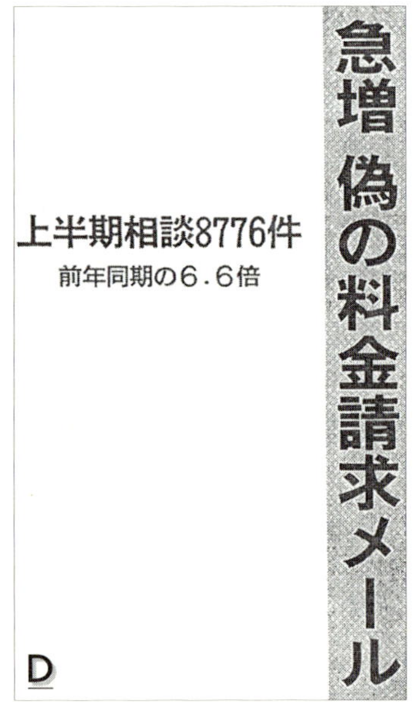

❶ 次の記事Ⅰ Ⅱの見出しはステップ2のA～Dのどれでしょうか。選んで（　　　）
に書きましょう。

Ⅰ

電車の中で化粧する習慣のある女子大生は、全体の三割近くに上ることが、川村学園女子大（千葉県我孫子市）の坂口早苗、坂口武洋教授らの調査で分かった。ごみのポイ捨ても同じく約三割。モラルの低下は女子大生でも着実に進んでいるようで、二十二日から京都市で始まる日本公衆衛生学会で発表する。

調査対象は、関東の五大学に通う女子大生六百六十九人。このうち、「電車内で化粧をいつもする」と回答したのは3・5％で、「時々する」と合わせると、27・5％だった。

その理由として最も多かったのが「時間がない」で、93・4％だった。一方で、電車内で化粧をしないという女子大生は、三割以上が「しゅう恥心」「体裁が悪い」を理由に挙げた。また、ポイ捨てについては「捨てる」が28・3％。ポイ捨てを始めた時期は中学生が32・1％で最も多く、ごみを捨てることに罪の意識がないと答えた学生も約一割いた。

坂口早苗教授は「電車内の化粧やポイ捨てをする女子大生には喫煙者も多く、路上に座り込む割合も高い。モラルを破ることに鈍感にならないよう、子供時代からの家庭教育、しつけが重要だ」と指摘している。

読売新聞 2003.10.19

Ⅱ

使った覚えのないインターネットの有料サイトの利用料金をメールで請求される――といった詐欺や悪質商法に関して警察当局に寄せられた相談が今年上半期（1～6月）に8776件を数え、前年同期の約6・6倍に急増した。警察庁が21日、発表した。

これらネットなどを利用した「ハイテク犯罪」全体について、都道府県警が受けた相談は1万9097件。前年同期より約1万件多い。00年は年間で1396件だった。

増加分の大半が詐欺・悪質商法で、債権回収代行業者などを名乗り、使っていないアダルトサイトや出会い系サイトの利用料を請求する手口に関するものが全体の9割を占めている。

「アダルトサイトに未払い料金がある」「最終通告。入金の確認を取れない場合は法的手段で対応する」などというウソのメールを約110万件送り、約700万円を振り込ませた男が詐欺容疑で逮捕された例もある。

読売新聞 2003.8.21

新聞記事を読んで、表を埋めましょう。

	新聞記事1	新聞記事2
調査のテーマ		
調査者・調査主体		
調査時期		
調査対象		

（Ⅰ）化粧(けしょう)：화장	ポイ捨て(ぽいすて)：홱(하고) 버림
公衆衛生(こうしゅうえいせい)：공중위생	羞恥心(しゅうちしん)：수치심
体裁(ていさい)：체재(겉모양, 일정한 양식·형식), 체면, 세상이목, 빈말	
理由に挙げる(りゆうにあげる)：이유로 들다　　路上(ろじょう)：노상, 길 위, 한길	
座り込む(すわりこむ)：들어가 앉다, 주저앉아 움직이지 않다, 연좌(농성)하다	
破る(やぶる)：깨다(깨뜨리다, 어기다, 무찌르다), 찢다, 째다　　鈍感(どんかん)：둔감(감각·느낌이 둔함)	
しつけ：예의범절	指摘(してき)：지적
（Ⅱ）偽(にせ)：가짜, 모조　　詐欺(さぎ)：사기　　債権(さいけん)：채권	
代行(だいこう)：대행　　名乗る(なのる)：자기 이름을 대다, 자기가 바로 장본인임을 말하다, 실명을 갖다	
出会い系サイト(であいけいさいと)：만남주선 사이트　手口(てぐち)：(범죄 등의)수법, 유형	
振り込む(ふりこむ)：(대체 계좌 등에)불입(払入)하다　容疑(ようぎ)：용의, 혐의　　逮捕(たいほ)：체포	

 課題2

　インターネットなどを利用して、あなたが関心があることに関する調査結果を探し、その結果について記事を書きましょう。

＊作文のヒント＊

・見出しをつけましょう。

・第9課で勉強した「データ・アンケート結果を書く」の表現を利用しましょう。

調査のテーマ	
調査者・調査主体	
調査時期	
調査対象	

名前 [　　　　　　　　]

第11課　ビジネス・レターを書く

ビジネス・レターというのは普通の手紙と違って、決まり事がたくさんあります。また、言葉も難しいものが多いです。この課ではビジネス・レターの書き方について勉強します。ちょっと難しいですが、挑戦してみましょう。

　ビジネス・レターと普通の手紙は何が違いますか。共通部分はどんなところですか。また、普通の手紙と比べて、ビジネス・レターはどんなことに気をつけなければなりませんか。話し合ってまとめてみましょう。

	普通の手紙	ビジネス・レター
共通点		
相違点		

❶ 記号・番号

❷ 日付

❸ 先方の社名・所属

肩書き・氏名・敬称

❹ 当社の社名　印

所属・肩書き・氏名

❺ 件名

❻ 前文(頭語)

〇〇〇〇〇〇〇〇〇〇〇〇〇〇〇〇〇〇〇〇〇〇〇〇〇〇〇〇〇〇
〇〇〇〇〇〇〇〇〇〇〇〇〇〇〇〇〇〇〇〇

❼ 主文　さては／つきましては〇〇〇〇〇〇〇〇〇〇〇〇〇〇〇
〇〇〇〇〇〇〇〇〇〇〇〇〇〇〇〇〇〇〇〇〇〇〇〇〇〇〇〇
〇〇〇〇〇〇〇〇〇〇〇〇〇〇〇〇〇〇

❽ 末文　〇〇〇〇〇〇〇〇〇〇〇〇〇〇〇〇〇〇〇〇〇〇〇〇〇〇〇〇〇
〇〇〇〇〇〇〇〇〇〇〇〇〇〇〇〇〇〇〇〇〇〇〇〇

(結語)

❾ 記

❿ 添付書類

❶ 記号・番号－手紙の内容や種類、会社組織や取り引き先別に分類して、記号・番号を
つけておけば後で確認や照会に役立つ。

❷ 日付－日付は発信日。外国向けには西暦、日本国内では年号が使われる。

❸ 宛名－略称でなく正確な名称を書く。会社・団体宛の場合は「御中」、役職名をつけた
個人宛の場合は「様」、多数の個人宛には「各位」とする。

❹ 発信者－所在地、社名、所属・肩書き・氏名の順に書く。所在地は略すこともある。

❺ 件名－内容や趣旨がわかりやすい簡潔なタイトルをつける。（「お知らせ」、「回答」、「依
頼状」など）

❻ 前文－・頭語：頭語と結語は対応した適切な用語を使う。
　・時候のあいさつ：○○御中、のような団体にあてたものには省略する。また相手から
　　の来信の場合も省略するのが一般的である。
　・安否・感謝・陳謝のあいさつ：時候の挨拶に続けて、相手の健康や繁栄を祝う言葉
　　を書く。さらに続けて、日頃の取り引きなどについての感謝の言葉、または陳謝の言
　　葉を加える。（表1）

❼ 主文－前文と区別するため改行して書き始める。簡潔で正確に書くことが重要である。
　１．まず手紙の用件を書く。（表2）
　２．できるだけ文章は短く区切り簡潔にまとめる。
　３．各文、各段階を接続語（さて、なお、ついては）でつなぎ、論理的に展開する。
　４．内容が複雑な場合は、箇条書きなどを用いる。

❽ 末文－要点を簡潔に繰り返して強調し、主文を締めくくり、頭語に対応した結語を書
く。（表3）

❾ 記－主文の用件、内容が複雑な場合、ポイントを主文から独立させ箇条書きにする。

❿ 添付書類－同封した書類などの名称、番号、数量を書いておく。

※ ❶から❹までを「前付け」という。

表1　感謝や繁栄を祝うことば

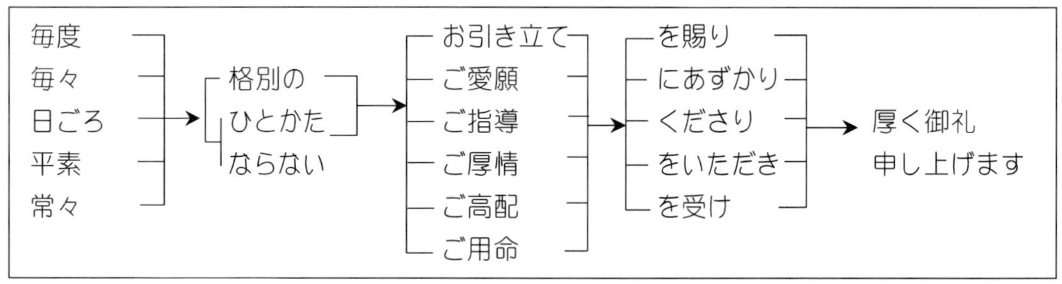

※一般的によく使われるものに、

「貴社ますますご清栄／ご発展のこととお慶び申し上げます。」などがある。

表2　主文の書き出し

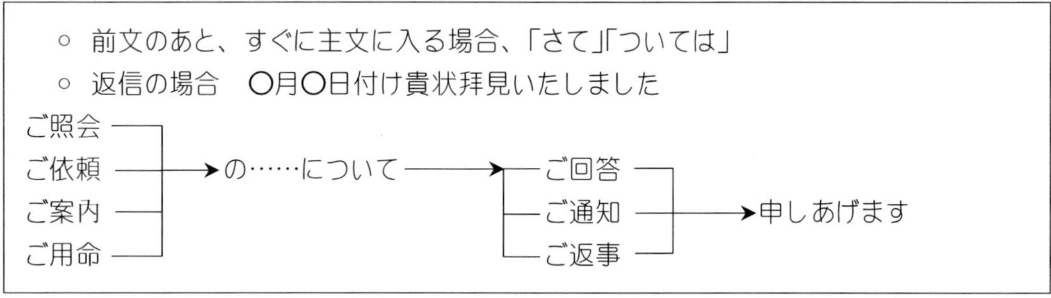

表3　末文の締めくくり

通知	・まずは	ご通知	申しあげます
	・とりあえず	お知らせ	まで
	・とり急ぎ	ご一報	
案内(依頼)	・まずはご案内まで(まずはご依頼まで)		
	・ご案内かたがたお願い申しあげます		
お願い	・よろしくご指示のほどお願い申しあげます		
	・今後とも格別のお引き立てのほどお願い申しあげます		
	・書類を送付させていただきますので、ご査収のほどお願い申しあげます		
照会	・まずはご照会まで		
	・とり急ぎご照会まで		
お断り	・残念ながら貴意にそいかねますので、あしからずご了承くださいますよう、お願い申しあげます		
後日	・詳しくはいずれ拝顔のうえ	申しあげます	
	・詳細は近いうちにお伺いしてお話し		
	・委細は後便にて		

　では、ここで、ある製品「Qシリーズ」の取引に関するビジネス・レターの例を見てみましょう。

（例1）見積書送付の通知

No.123-456
2005年7月8日

さくら商事株式会社

営業本部長　田中太郎様

チョウン物産株式会社

営業部長　イ・チョルス印

見積書送付のお知らせ

　拝啓　貴社ますますご清栄のこととお慶び申し上げます。

　さて、この度当社製品「Qシリーズ」について、貴信第23-56号の見積もり依頼書を拝見いたしました。

　さっそく、別紙見積書の通り、お見積もりさせていただきます。価格につきましては、とくに貴社のご要望に添えるよう当社にできる限りの配慮をさせていただきました。ご検討の上、なにとぞご用命くださいますようにお願い申し上げます。当製品は韓国内でも非常に評判のよい商品でございますが、7月末日までにご回答いただければ、お申し越しの数量、期日での船積みが可能でございます。

　なお、ご不明の点につきましては、小職宛に何なりとお問い合わせください。

　まずは書中をもってお願い申し上げます。

敬具

記

同封書類: 見積書1通

以上

見積書(みつもりしょ):견적서	清栄(せいえい):(편지에서) 상대방의 번영을 가리키는 인사말
貴信(きしん):서신	依頼書(いらいしょ):의뢰서
要望(ようぼう):요망	配慮(はいりょ):배려, 심려
検討(けんとう):검토	用命(ようめい):분부, 하명, 주문
数量(すうりょう):수량	期日(きじつ):기일
船積み(ふなづみ):선적	小職(しょうしょく):소직(낮은 관직)
書中(しょちゅう):서중(편지의 글 가운데, 문서의 글 중)	同封(どうふう):동봉

以下のモデル文は、前付け省略。

（例2）発注書

発注書

拝啓

　貴社におかれましては、ますますご発展のこととお慶び申し上げます。

　さて、貴社製品を下記の通り注文いたしたいと存じますので、大至急のご発送のほど、お願い申し上げます。

敬具

記

1. 品名「Qシリーズ　A－31」

　　数量　1000個

　　単価　5000ウォン

2. 納入期日　2005年8月26日(金)まで必着

3. 納入場所　東京都港区赤坂1－1

4. 支払い条件　月末締め切り、翌月10日貴社口座振り込み

5. 運賃諸掛　貴社負担

以上

🔍 新しいことば

発注書(はっちゅうしょ)：발주서(주문서)	大至急(だいしきゅう)：대지급, 아주 급함(副詞的으로도 씀)
納入(のうにゅう)：납입	必着(ひっちゃく)：필착(반드시 도착함)
運賃(うんちん)：운임	諸掛(しょがかり)：여러 가지 비용
負担(ふたん)：부담	

(例3)注文承諾書　割愛

(例4)出荷の通知

「Qシリーズ」出荷のお知らせ

　拝啓　平素格別のお引き立てを預かりお礼申し上げます。

　さて、7月15日付、貴社注文書第28号でご注文いただいた「Qシリーズ」1000個でございますが、別紙納品明細書のとおり、本日ハナロ運輸の宅配便にて発送いたしました。よろしくご検収くださいますようお願い申し上げます。

　なお、着荷いたしましたら、誠にお手数ですが同封の物品受領書にご署名、ご捺印のうえ、ご返送くださいますようお願い申し上げます。

　まずは出荷のご通知まで。

敬具

記

1. 納品明細書　2通
2. 物品受領書　2通

以上

🔍 新しいことば

出荷(しゅっか)：출하(하물을 실어 냄, 생산품을 시장으로 실어 냄)	
着荷(ちゃっか)：착하(짐이 도착함)	
検収(けんしゅう)：검수(검사하여 받아들임)	返送(へんそう)：반송
捺印(なついん)：날인	
物品受領書(ぶっぴんじゅりょうしょ)：물품수령서	納品明細書(のうひんめいさいしょ)：납품명세서

(例5)着荷の照会　割愛

(例6)納期遅延のお詫び　割愛

(例7)不良品交換の依頼

不良品交換のお願い

前略

　さて、去る7月15日付で注文いたしました「Qシリーズ」、本日着荷いたしましたが、検品の結果、当社指定の色調ではない製品が100個混じっていました。

　この色調は今回の当社の企画に合わないため、直ちに運賃着払いで返送いたしました。早急に指定の色調の製品をご発送いただきますようお願い申し上げます。
　まずは、とりあえずご報告かたがたお願いまで。

草々

🔍 新しいことば

不良品(ふりょうひん)：불량품	検品(けんぴん)：검품(물건을 조사함)
色調(しきちょう)：색조(색의 조화)	
着払い(ちゃくばらい)：착불(우편물・배달물의 요금을 수취인이 지불하는 일)	
早急に(さっきゅうに)：매우 급하게, 조속히	

(例8)不良品混入の謝罪　割愛

(例9)送金の照会　割愛

送金のお知らせ

　拝復　貴社ますますご清栄のことと、お慶び申し上げます。

　さて、9月12日付でご請求照会のありました「Qシリーズ」の代金につきましては、本日東京銀行赤坂支店より、ご指定の大韓銀行ソウル支店貴社口座へお振り込みいたしましたので、お知らせ申し上げます。

　こちらの手違いでご送金がお約束期日より遅れましたこと、誠に申し訳なく、お詫び申し上げます。

　なお、お手数ながら、折り返し領収書をご送付いただきますようお願い申し上げます。

　まずはご送金のお知らせかたがた、重ねてお詫び申し上げます。

敬具

🔍 新しいことば

請求（せいきゅう）：청구, 요구	
照会（しょうかい）：조회(자세한 사정이나 명확하지 못한 점 등을 알아봄, 물어서 확인함)	
振り込み（ふりこみ）：흔들어 넣음, (대체 계좌 등에) 불입함	送金（そうきん）：송금
手違い（てちがい）：차례가 뒤바뀜, 착오, 차질, 실책	領収書（りょうしゅうしょ）：영수증
お詫び（おわび）：사죄, 사과	

その他の知識

捺印の仕方

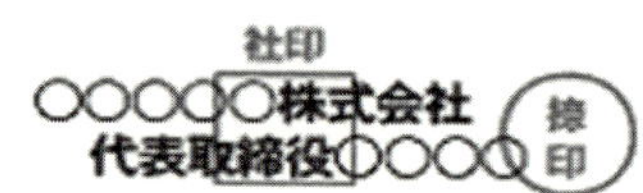

それぞれの項目ごとに、ビジネス・レターの書き方に慣れましょう。

❶〜❹前付けを書いてみましょう。

まずは❸他称と❹自称の使い分けができるようにしましょう。

下の表を参考にして、各文の下線部分を書き換えましょう。

1. <u>私達の会社</u>では、この度、創業50周年を記念して<u>プレゼント</u>をご用意しましたので、<u>送り</u>
   <u>ます</u>。どうぞ<u>受け取って</u>ください。

2. 詳しいことは<u>手紙</u>でお知らせしますので、<u>あなたの大学</u>の先生方の<u>考え</u>をお聞かせください。

3. 先日は、<u>そちらの社長さん</u>が、わざわざ<u>うちの協会</u>に来てくださって、本当にありがとうご
   ざいました。<u>私達</u>は今後もできるだけご希望にそえるように努力いたします。前回の件はど
   うぞ<u>許して</u>ください。

	自分側	相手側
人 役職	私、小生、小職、当社長、弊社長、 当社〇〇部長、弊店主	貴殿、貴台、尊台、貴社長、部長〇〇 様、貴店主
複数形	一同、両名、私共	ご一同、お二方、各位
会社	当社、小社、弊社	貴社、御社
商店	当店、小店、弊店	貴店、貴商店
銀行	当行、本行	貴行
学校	当校、本校、わが校	貴校、御校、貴大学
団体	当協会、本会	貴会、貴協会
手紙	書面、書簡、書中	ご書面、ご書簡

品物	粗品、寸志		佳品、結構なお品
場所	当地、当地方、当所、当県(市、町)		御地、貴地、貴地方、貴県(市、町)
訪問	お伺い、お訪ね、参上、拝顔、拝眉		お越し、お立ち寄り、ご来訪、ご来社、ご来店
考え	私見、私考、所感、愚見、愚考		ご意見、ご高説、ご高見、ご卓見
配慮	配慮、留意		ご配慮、ご高配、お引き立て、ご容赦
授受	拝受、受領、入手、ご送付		お納め、ご受領、ご査収、ご笑納

練習2

❻ 前文を書いてみましょう。いつも取引をしている会社の営業部長宛に、商品注文のお礼状を書きます。季節は夏です。下の「頭語と結語」の表を参考にして、前文を書いてみましょう。

頭語と結語の関係

種類	頭語	結語
普通の場合	拝啓	敬具
丁寧な場合	謹啓	敬白
急ぎの場合	急啓	早々
前文省略の場合	前略	草々
返信の場合	拝復	敬具

前文

❼　主文を書いてみましょう。取引先から「カラー・ファイルを10ケース(1ケース100枚入り)注文すれば、ファイル1枚当たりいくらになるか(いくら値引きができるか)」という、問い合わせがありました。納入期日と合わせて回答の主文を書いてみましょう。

主文

練習4

❽　末文を書いてみましょう。来月、東京に出張する際に、相手の会社を訪問することを手紙で知らせました。その末文を書いてみましょう。

末文

以下の項目はビジネス・レターを送るときに必要なチェック・ポイントです。どんな理由で、何のためにするのか話し合ってみましょう。

❶ 原則として横書きにする。

❷ 内容は正確に簡潔に書く。

❸ 誤字や脱字がないかチェックする。

❹ 誠意と礼をつくして書く。

❺ 送る前に必ずコピーを取る。

課題

モデル文を参考にして、発注、発送、送金の内容から選んで、ビジネス・レターを一通書いてみましょう。

第12課　定型詩を書く

日本の和歌(短歌)や俳句について見聞きしたことがありますか。

詩には、思ったままのスタイルで書く自由詩と、形式や文字数が決まっている定型詩があります。中でも、和歌は31文字、俳句は17文字と、少ない文字数で書く定型詩です。みんなで挑戦してみましょう。

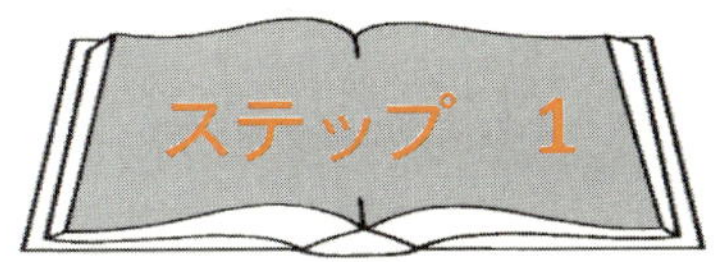

　韓国にも日本の和歌(短歌)や俳句のような詩の形式がありますか。それにはどんな規則がありますか。世界中にある、定型詩の例を挙げてみましょう。またその規則はどんなものですか。

詩の種類	形式・規則
(例) 　五言絶句(中国)	漢字五文字四句(起・承・転・結)でなる漢体詩、2句目と4句目の最後の文字は韻を踏まなければならない。(変格形式として、1句目も韻を踏む場合がある。)七文字四句の絶句形式もあり「七言絶句」と呼ばれる。

　では、日本の短歌と俳句の例を見てみましょう。

　短歌(和歌)は「五、七、五、七、七」の31文字、俳句は「五、七、五」の17文字で構成されてます。

　短歌

(例1)「天の原　ふりさけみれば　春日なる　三笠の山に　いでし月かも」

(例2)「あしびきの　山鳥の尾の　しだり尾の　ながながし夜を　ひとりかもねむ」

(例3)「春日野は　今日はな焼きそ　若草の　妻もこもれり　我もこもれり」

(例4)「朝ご飯　食べる間もなく　おにぎりを　畑でほおばり　大空を見る」

(例5)「赤トンボ　幼き頃の　想い出の　桑の畑も　国道となる」

　俳句

(例1)「柿食えば　鐘が鳴るなり　法隆寺」

(例2)「閑かさや　岩にしみいる　蝉の声」

(例3)「麦秋や　狐ののかぬ　小百姓」

(例4)「誰かいる　枯木林に　すます耳」

(例5)「秋が来て　湖畔の風車　回り出す」

　モデル文の例を見てひらがなになおして、その文字数を数えてみましょう。そして、どんな意味なのかを考えてみましょう。

短歌

（例1）＿＿＿＿＿＿＿＿＿＿＿＿＿＿＿＿＿＿＿＿＿＿＿＿＿＿＿＿＿＿＿＿＿

（例2）＿＿＿＿＿＿＿＿＿＿＿＿＿＿＿＿＿＿＿＿＿＿＿＿＿＿＿＿＿＿＿＿＿

（例3）＿＿＿＿＿＿＿＿＿＿＿＿＿＿＿＿＿＿＿＿＿＿＿＿＿＿＿＿＿＿＿＿＿

（例4）＿＿＿＿＿＿＿＿＿＿＿＿＿＿＿＿＿＿＿＿＿＿＿＿＿＿＿＿＿＿＿＿＿

（例5）＿＿＿＿＿＿＿＿＿＿＿＿＿＿＿＿＿＿＿＿＿＿＿＿＿＿＿＿＿＿＿＿＿

俳句

（例1）＿＿＿＿＿＿＿＿＿＿＿＿＿＿＿＿＿＿＿＿＿＿＿＿＿＿＿＿＿＿＿＿＿

（例2）＿＿＿＿＿＿＿＿＿＿＿＿＿＿＿＿＿＿＿＿＿＿＿＿＿＿＿＿＿＿＿＿＿

（例3）＿＿＿＿＿＿＿＿＿＿＿＿＿＿＿＿＿＿＿＿＿＿＿＿＿＿＿＿＿＿＿＿＿

（例4）＿＿＿＿＿＿＿＿＿＿＿＿＿＿＿＿＿＿＿＿＿＿＿＿＿＿＿＿＿＿＿＿＿

（例5）＿＿＿＿＿＿＿＿＿＿＿＿＿＿＿＿＿＿＿＿＿＿＿＿＿＿＿＿＿＿＿＿＿

！ 確認しましょう：日本語の拍

　日本の定型詩は、一般に31文字、17文字といわれているが、ここにある例を見ると、必ずしもその通りではないことがわかる。これは、実は日本語は「拍(モーラ)」という単位で成り立っているためで、短歌は31文字ではなく31拍、俳句は17文字ではなく17拍でできている定型詩だからである。

　拍の数え方は、基本的にはかな一文字を1拍とするが、「きゃ、きゅ、きょ」などの拗音は文字を二つ使っていても、1拍と数える。また、特殊音素(長音、撥音、促音)も1拍と数える。

　したがって、「今日」という語は「きょう」[1]というように、かなでは3文字になるが、(拗音1＋ 長音1)で2拍の語である。

　　※1「今日」という語は中世から近世までは「けふ」と表記したので、その当時は2拍語＝2文字語であった。

練習2

次の語は何拍になるか、数えてみましょう。

① さくら 　　　　　　② うどん

③ 学生(がくせい) 　　④ 辞書(じしょ)

⑤ 韓国(かんこく) 　　⑥ 日本(にっぽん)

⑦ チョコレート 　　　⑧ スーパーマーケット

　実は、和歌や俳句にはいろいろと規則がある。例えば和歌に使われる語にはかならず決まった枕詞があり、俳句には「季語」と呼ばれ、必ずその季節を表す語を使わなければいけないという規則がある。

　和歌の(例1)では「春日なる」は「三笠の山」の枕詞、(例2)では、「あしひきの」が「山」の枕詞、(例3)の「若草の」は「妻」の枕詞である。

　俳句では(例1)の「柿」、(例2)の「蝉」などがそれぞれの季節を表す季語であり、そして(例3)の「麦秋」は夏の季語である。俳句と同じく17文字で作るが、季語を使わずに世の中を風刺する詩のスタイルは川柳と呼ばれている。

　しかし、この課ではこのような規則を気にせず、31拍、17拍の詩を作ってみよう。

練習

次の短歌や俳句の空白部分に合う句を作ってみましょう。

❶ (短歌)春が来て　青く広がる　大空に ______________________

❷ (短歌)残雪に　生まれたばかりの ______________________

❸ (短歌) ______________________ 野鳥の声も　澄んで聞こえる

❹ (俳句)湯煙の　消えゆく先に ______________________

❺ (俳句)朝顔に ______________________

❻ (俳句) ______________________ 花吹雪

　短歌や俳句のおもしろさはどんなところですか。またどんなところが難しいですか。

 課題

　自由題で、短歌1首、俳句1句を作ってみましょう。

短歌

俳句

短歌

解答

 料理のレシピを作る

練習2：（　）空欄うめ
個、　本、　グラム、　CC、　千、　CC、　CC、　炒める、　炒める、　茹でて、

03 要約をする

a. 1　b. 3　c. 2　d. 8　e. 5　f. 4　g. 7　h. 6

04 物語を説明する

ステップ1（絵の並べ替え）
a. 1　b. 5　c. 8　d. 6　e. 11　f. 2　g. 10　h. 7　i. 3　j. 4　k. 9
ステップ2（絵の並べ替え）
a.5　b.1　c.3　d.2　e.4

06 要約をする

課題(要約例)
　多発する犯罪の抑止の切札として、防犯カメラは全国で急速に普及している。しかし、カメラの撮影は肖像権に関わる問題でありながらその規制は不十分である。東京都杉並区が全国初の防犯カメラに関する条例を作った。これには映される側の権利、利益を守る規制も含まれている点で評価できるが、カメラによる監視が強まる不安は依然として強く、市民的自由を守るためにはまだ十分ではない。杉並区の例をきっかけに、国や都、警察の監視カメラなどについても法整備を含めて各機関や議会は考えるときにきている。

07 書評・映画評を書く

ステップ1（本の見出し）
a.『誤報-新聞報道の死角』後藤文康　岩波新書
b.『ことばの道草』岩波書店辞書編集部　岩波新書
c.『世界の中心で愛を叫ぶ』片山恭一　小学館
d.『スプートニクの恋人』村上春樹　講談社文庫

08 広告を書く

練習1：1. intel inside　　2. 새로운 세상
練習2：1. 猫の日、肉の日　　2. 自由解答

練習3:

1. ① サプリメント、コレステロールがない、きれいな血のイメージ

    ② ゴルフクラブ、ボールの飛距離が急に伸びる感じ

    ③ 便秘解消用健康食品: お腹に溜まっているものが大量に出るイメージ。

2. 自由解答だが、一応の例

    ① さらさら、つやつや

    ② キラキラ

    ③ つるつる

    ④ さっぱり、くっきり等

    ⑤ サクサク、ぱりぱり等

練習4: あらゆる臭い・カビ・雑菌、汚れが3時間ですべて消滅。1年中消臭効果が持続! バイオの
力で悪臭を根こそぎ分解。貼るだけで簡単。しかも今なら4個セットで超激安の1200円。

モデル文: 体言止め、擬音語・擬態語、

その他のテクニック: 専門用語・具体的な薬品名、医師が開発 (安全性強調)、購買意欲を促すた
めの「 特別価格」「 今だけ」 などの言葉、等。

10　新聞記事を書く

ステップ1　練習2 (解答例)

・事件の記事の文は意見述べの表現(「 べきだ」「 と思う」など) がない→ 客観的

・事件の記事は「 だ・である」 体である (丁寧体は使わない)

・事件の記事は5 W 1H 、因果関係などが明確である

11　ビジネス・レターを書く

練習: ① 1. 弊社、粗品、ご送付いたします、ご笑納ください (お納めください)

　　　　2. 書面、貴大学、ご意見(ご高説)

　　　　3. 貴社長、当協会、私ども、ご容赦

　　　⑥ 、⑦ 、⑧ は自由解答のため省略。

12　定型詩を書く

練習1: 文字数　　　短歌 ① 31,　② 31,　③ 32,　④ 31,　⑤ 31

　　　　　　　　　俳句 ① 18,　② 17,　③ 20,　④ 17,　⑤ 18

練習2: 拍数　　　① 3,　② 3,　③ 4,　④ 2,　⑤ 4,　⑥ 4,　⑦ 5,　⑧ 9

練習3: 自由解答